TEELÖFFEL

-

REMEMBER

HERTALDIS OFFERMANN

TEELÖFFEL

-

REMEMBER

Bibliografische Information der Deutschen Nationalbibliothek: Die Deutsche Nationalbibliothek verzeichnet diese Publikation in der Deutschen Nationalbibliografie; detaillierte bibliografische Daten sind im Internet über http://dnb.dnb.de abrufbar.

Die automatisierte Analyse des Werkes, um daraus Informationen insbesondere über Muster, Trends und Korrelationen gemäß §44b UrhG („Text und Data Mining") zu gewinnen, ist untersagt.

Lektorat und Gestaltung: Ralf Höpfner, Hamburg
hoepfner@markenfeuer.de
Fotos: © 2023 Hertaldis Offermann, Berlin

Verlag: BoD · Books on Demand GmbH, In de Tarpen 42, 22848 Norderstedt
Druck: Libri Plureos GmbH, Friedensallee 273, 22763 Hamburg
ISBN: 978-3-7597-7652-5

Prolog und Epilog zugleich

Zeitzeugen über 100 Jahre
erhaschen Splitter
beobachten
ein spät in diese Geschichte geborenes Kind
in der schulischen Entwicklung
bis zur Ausreise aus der Zone
und nach der Maueröffnung
in der Entfaltung ihres Potentials in Freiheit

ich danke meinen Teelöffeln
für diese Zeilen

Hertaldis Offermann

Kapitel 1
„Ich habe es wohl vernommen."

Auf der Suche nach einem Stichwort fielen mir zwei Teelöffel mit einem Monogramm beim Abwaschen des Frühstücksgeschirrs ins Auge. Das war es!

Ich begann zu zittern und vor Aufregung zündete ich mir fast die Nase an, denn die Zigarette ruhte noch auf dem Tisch, samt meiner Hand zwischen Zeige- und Mittelfinger.

Ein Paar aus gleichem Material Silber oder versilbert – nicht wichtig – aus meiner frühen Kindheit als eben vorhanden erkannt.

Es waren Zeugen von einem entscheidenden Lebensmoment meiner Eltern – für das „Ja, ich will", von Familien in Auftrag gegeben. Sogar der Juwelier fiel mir in diesem Moment ein, den mein Vater mir bei einer Einkehr in die Gaststätte zur Post nach dem Sonntagsgottesdienst gezeigt hatte.

Die Familien waren im 19. Jahrhundert geboren. Inzwischen schreiben wir das 21. Jahrhundert.

Was hatten diese zwei Teelöffel gesehen, gehört, erlebt in den Händen ihrer Nutzer oder in Schubladen auf den Gebrauch wartend.

„We are spoons!" Ja, wir sind Teelöffel von Johannes Offermann und Herta Franke. Das „JO" und „HF" in den Griffhals geschrieben.

JO wurde 1901 in Cottbus geboren, einer Tuchmacherstadt. Sein Vater war ein eigenwilliger Mann. Er hatte sich seine zukünftige Ehefrau auf den Treppen der St. Hedwigs-Kathedrale in Berlin ausgeschaut. Er soll sie gegrüßt haben, wartete auf einen Gegengruß und es blieb still.

Er rief etwas empört, dass er „guten Tag" gesagt hätte,
Darauf kam dann – wie überliefert durch Erzählungen
– „ich habe es wohl vernommen!"
So begann die Liaison zwischen dem Rheinländer
Richard Offermann aus Monschau und der Pommern-
frau Henriette aus Danzig.
Uns Löffel gab es damals noch nicht, doch haben wir
die Geschichte oft am Familientisch im Cottbusser
Mehrfamilienhaus gehört, wenn sie den Nachkommen
erzählt wurde. Wir wissen ja nur, was wir gehört haben
und waren nicht immer Zeuge. Jedenfalls wissen wir,
dass der eigenwillige Richard Offermann als Meister in
einer Tuchfabrik in der genannten Tuchmacherstadt
Cottbus gearbeitet haben soll und irgendwann im
19. Jahrhundert als Wollagent nach Russland gegangen
war.
Bei dieser Aktion muss er viel Geld verdient haben,
denn um die Jahrhundertwende 19.Jh zum 20.Jh baute
er ein 16 Parteienmietshaus an der Stadtgrenze in der
Nähe zum Cottbusser Bahnhof, der ein bedeutender
Knotenpunkt der Eisenbahnlinien nach Polen – also in
den Osten – war und deshalb für Handelswege der in-
dustrialisierenden Wirtschaft bedeutsam werden sollte.
Seine Weitsicht hatte wohl den Standort ausgewählt.
Er war später Schauspieler am Cottbusser Theater –
von uns abgelauscht – soll er den Gessler in Schillers
Schauspiel „Wilhelm Tell" gespielt haben.
Auch das von ihm erbaute Haus ist im gleichen Jugend-
stiltouch gebaut, wie seine Schauspielerarbeitsstätte.

Genaue Zeitreihenfolgen können wir nie ermitteln.
Auch wenn unsere Neugier geweckt war, zu fragen war
verwehrt. Jedenfalls irgendwann in dieser Zeit kam es
zur Heirat zwischen dem fröhlichen Monschaurhein-
länder und der dickköpfigen Danzigerin.

Sie waren die Eltern des Johannes Offermann, der am 20.7.1901 in Cottbus geboren wurde und zu seiner Hochzeit eben uns als Hochzeitsgeschenk im Besteck-set erhalten hatte. Es hatten sich trauen lassen: die Kinder vom Wollagent Franz Richard Offermann geb. 6.1.1860 und Wilhelmine Henriette Schulz geb. 23.3.1858. Beide getraut am 25. April 1894 in Berlin – eben dort, wo er seine Zukünftige angesprochen hatte.

Richard Offermann aus Monschau

Kapitel 2
„Nussbaumblätter und Handtuchwandaufhängehaken"

Mehr können wir von der Wilhelmine Henriette nicht berichten. Nur dass sie die Tochter eines Aufsehers aus Danzig war. So kamen die entfernten Wurzelgegenden wieder in Cottbus zusammen.

Im 19. Jahrhundert war es in bürgerlichen Kreisen eben erst mit der Sicherheit, eine Familie selbst ernähren zu können, angesagt, zu heiraten.

Am 8.5.1929 war die Hochzeit des Johannes Offermann und der Herta Franke in der Kirche, nachdem sie sich am 23. Februar 1929 im Standesamt gegenüber dem schon erwähnten Jugendstiltheater das Ja-Wort gegeben hatten.

Im Vorfeld hatte auch die Familie Franke ein Teelöffelset mit dem Monogramm HF zur Hochzeit in Auftrag gegeben. Nun waren wir auf der Welt.

Herta war am 28.2.1904 geboren, deren Wurzeln in der Mitte der Ehemannelternentfernung – nämlich dem Spreewald – lagen, denn ihre Eltern lebten seit dem Ausgang des 19. Jahrhunderts auch schon in Cottbus. Sie war die älteste Tochter des Herrmann Franke und der Marie.

Nun waren wir Teelöffel vereint und wir plaudern hier einige Geschichten aus, die wir erlauscht haben.

Wir sind keine Chronisten, die sich selbst auf Spurensuche begeben können. Wir sind ja nur Gebrauchsgegenstände und werden nur willkürlich benutzt, zu bestimmten Anlässen.

Eine Lebensgeschichte von zwei Teelöffeln!

Wir können nicht zählen und wissen nicht, wie viele Geschwister wir hatten. Wir Beide sind bis in das Jahr 2022 übrig, hatten zwar nicht viele Besitzer, haben aber sehr viel miterlebt.

Alle aus der bisher beschriebenen Geschichte sind nicht mehr auf der Erde. „JO" fiel meiner Herrin zuerst ins Auge, gab das Stichwort und deshalb darf ich erzählen.

Aber der Leser darf immer beide denken: JO & HF.

Unsere Geburtsstunde war also die Hochzeit und unser Geburtshaus somit in der Lutherstraße 12 in Cottbus. Im Haus wohnten auch die älteren Brüder des Johannes Willibald, der Lehrer geworden war und Leo, der den Laden im Erdgeschoss bewirtschaftete. Ein Kolonialwarenhandel. Das Wort war damals noch üblich, denn Gewürze und auch andere Dinge kamen ja aus den kolonialisierten Ländern. Johannes musste Kaufmann lernen. Als Reisender, der Waren in der Umgebung anpries war er auch oft unterwegs im Spreewald. Eine Sekretärin konnte mal ein eigenes Stenogramm nicht entziffern und er half. Dabei muss es wohl gefunkt haben und er verliebte sich in ein Fräulein, deren Wurzeln eben im Spreewald lagen. Dieses Fräulein war die älteste Tochter vom Herrmann Franke, in Schmellwitz, evangelisch 1904 getauft. Unsere heutige Besitzerin erzählte mal, dass sie immer an der Kirche vorbei gegangen war, wenn sie ihre Großeltern besuchte und dabei eine, durch eine Nussbaum gesäumte Allee bis zum Nordgraben am Wald, durchquerte. Sie hatte auch von ihrer Mutter Herta gelernt, dass Nussbaumblätter gut gegen Motten in den Schränken wirken. Zwei Schwestern Käthe und Lucie gehörten noch zu Herta.

Zurück in die Lutherstraße.
Dort war eben ab 1929 unser Zuhause.
In der ersten Etage über dem Laden war die Besteckschublade in der Küche, doch wir wurden im Wohnzimmer für Familienfeiern aufbewahrt. Waren die Feste vorbei, landeten wir aber auch in der Küche. Wir erinnern uns an einen Ofen mit Kochringen auf der Oberseite, einen Gazeschrank für fliegenempfindliche

Lebensmittel, Handtuchwandaufhängehaken, eine Fensterbank, unter der ein Schrank in die Wand eingebaut war, an die Stühle an drei Seiten für den Tisch und natürlich auch an einen damals üblichen Küchenschrank – mit der Schublade für das tägliche Besteck.

Kapitel 3
„Bubi und der Bockwurstwurf"

Ab jetzt erzähle ich, der JO.
Oft beobachtete ich, wie meine – ich will sie ab jetzt „Herrin" nennen – oft sehnsüchtig aus dem Fenster auf die Straße den dort spielenden Kindern zusah. Gegenüber gab es ein langes Gebäude mit großen aber hoch gelegenen Fenstern. Durch sie konnte man vom Erdboden nur durch Hochklettern auf einen schmalen Steinsims an der Mauer sehen, was drinnen los war. Doch aus der Küche im ersten Stock sah man schräg nach unten hinein und konnte Kindern beim Turnen und Spielen zusehen; es war eine Turnhalle.

An den Wänden draußen spielten Kinder auch „Buchte", heute weiß kaum noch Jemand, was das war. Der Ball wurde an die Wand gespielt und mit ein oder zwei Händen zurückgespielt bis er herunter fiel. Dann war das nächste Kind an der Reihe.

Neben der Küche war das Bad mit einem Badeofen, der mit Kohle oder Holz gefeuert wurde, um warmes Wasser zu bekommen.

Meine Herrin wurde erst im Jahr 1944 geboren und deshalb verheimlicht dieser Zeitsprung die Zeit von 1929 bis nach dem Krieg. All die Informationen aus dieser Zeit habe ich nur durch belauschte Erzählungen erfahren. Deshalb nur die Fakten, die mir ganz genau in Erinnerung sind. Also: die erste Tochter wurde 1931 geboren, der Sohn 1938.

Johannes O soll schon 1932 stolzer Fahrer eines Autos gewesen sein, das ihm von seiner ihn als Reisender beschäftigenden Firma für den Außenverkauf zur Verfügung gestellt worden war. Meine Herrin hat noch Angebotskataloge der Schokoladenfabrik „Burgbraun" in ihrer Kindheit, angeblich staunend, durchblättert. Bis heute ist sie nach Schokolade jeder Art wild. Beim Schreiben ihrer Geschichte liegen nicht nur wir zwei Teelöffel neben ihr, auch Schokolade ist immer griffbereit.

Ihre große Schwester lernte schon vor der Geburt unserer Herrin Klavier spielen, wie wir gehört haben, war bei der Evakuierung nach Glauchau im Krieg sogar die Klavierlehrerin mit, damit die Ausbildung nicht unterbrochen werden musste.

Der sechs Jahre ältere Bruder hatte den Spitznamen „Bubi" und war der Hahn im Korbe. Bei den Bombenangriffen soll sich Herta, die Mutter unserer Herrin über den Kinderwagen gebeugt haben, um das Baby zu schützen. Diesen Säugling zu ernähren war das Schwerste. So berichteten alle unserer Herrin, dass sie durch geschenkten Malzkaffee am Leben erhalten werden konnte. Sicher liegt auch da die Ursache, dass sie auch heute noch oft klagt, dass ihr Lebensmittelverwertungsgrad sehr hoch ist und sie immer ihren Appetit zügeln muss.

Jetzt wieder mal eine Ich-Erinnerung meiner Herrin, dass sie in einem Kinderstuhl zwischen Küchenschrank und Wand gesessen hätte, die Arme ausgestreckt und nach Kürbissuppe langend.

12

Kürbis wurde in der ersten Nachkriegszeit in allen Varianten verarbeitet. „*Kürbis – igitt*" hören wir sogar heute noch. Sie soll eines Tages ihrem Bruder gegenübergesessen haben und bei einem Streit warf der eine Bockwurst an ihren neuen Trainingsanzug, der das erste nicht gebrauchte Kleidungsstück war. Bis zu seinem Tode hat sie das nicht vergessen und kaum verziehen.

Zurück zur großen Schwester. Das Haus war durch Bomben zur Hälfte zerstört. Im Obergeschoss wohnt inzwischen auch die Schwester Lucie von unserer Herrin Mama mit ihrer Familie. Deren Wohnung hing in der Luft (3.Stock). Die Familie im Luftschutzkeller blieb verschont. Der Einschlag war in einem Seitenflügel des 16 - Parteienhauses. Das Klavier im 1. Stock im Wohnzimmer war hin. In dieser Wohnung war auch unsere Herrin geboren – noch vor dem Bombeneinschlag an der Brauhausbergstraße.

Das Erste, was die Eltern wieder in Ordnung bringen ließen, war das Klavier. Die 14-Jährige war auf dem ernsthaften Ausbildungsweg zur Pianistin.

Die Mutter meiner Herrin hatte nach dem Krieg mit einem selbst gebundenen Suppengrün in dem unter Wohnung gelegenen Laden die erste Geldeinnahme.

Der Vater unserer Herrin war während dieses Krieges in Narvik als „Marineverwaltungsinspektor in der Reserve" und landete in Belgischer Kriegsgefangenschaft.

Die oft erzählte Geschichte, dass er auf einem Pferdekarren mit seinem Freund – einem Architekten- auf dem Rückweg in die Heimat von russischer Patrouille nach Papieren gefragt wurde und der Freund einfach irgendwelche Papiere vorgezeigt hatte, mit dem Wort „*Dokumentu*". Das war ihr Glück, dass sie nicht nach Sibirien deportiert worden waren.

Wir Teelöffel waren von den Nachbarfledderern der zerstörten Häuser verschont geblieben. Nur Teppiche entdeckte die Herrin-Mutter mal bei einem Kunden und resolut soll diese herzenswarme gütige Frau ihn zurückgefordert haben.

Kapitel 4
„Drei Kreuze"

Meine Herrin hatte kaum Spielzeug und so schaufelte sie sich eine Spitztüte aus dem Zuckersack voll und ging damit in eine Drogerie, um sich dafür Luftballons einzutauschen. Da die „Kleine" in der Umgebung durch den Laden bekannt war, gab man ihr Fingergummis, die sie aufblasen konnte.

Viele Kunden waren aus Schlesien in diese Gegend verschlagen worden und sie erzählte mal, dass sie heute noch hört, wie manche Alten sagten:

„Marjellchen, ärg're dich nich', der Papa meint das nicht so böse!"

Früh musste sie im Laden mit anpacken.

Sie war mit 6 Jahren eingeschult worden, in die zur Turnhalle gehörende Schule, doch weil sie so dünne Stöckelbeine hatte – ihr Vater soll sie damit immer geärgert haben – wie: „setz dich, sonst brechen deine Stöckelbeine"– und unterernährt war, wurde sie wieder ausgeschult. Das muss für sie sehr schlimm gewesen sein.

Neugierig und quicklig wie sie wohl war, wollte sie immer beschäftigt sein. Also half sie im Laden mit, lernte Fahrrad fahren. Ihr Bruder hatte ihr aus Einzelteilen ein Fahrrad zusammengebaut, mit einem gefundenen Rennlenker, nachdem sie mit Mutters Fahrrad, das viel zu groß war in der Brauhausbergstraße stehend fahrend immer gegen die Zäune gekracht war.

Sie wurde schlau und stand sehr früh auf, um vor der
„*Arbeit*" wie sie es nannte, noch unten spielen zu können, denn wenn alle anderen auf waren, gab es immer
viel zu tun.

Sie erinnert sich an ein besonderes Erlebnis, da war
ihre Mutter zu einem Katholikentag gefahren und nach
dem Kindergottesdienst ging sie auf den Rummel.
Vater und Bruder waren in Riesensorge um die zu be-
hütende Kleine. Sie hatten schon alle näheren vertrauten Kunden abgeklappert und als unsere Herrin am
Nachmittag zu Hause eintrudelte, musste sie in ihr Git-
terbett ohne Mittagessen. Eine kurze Zeit später war
ein feines Mittagsmahl zubereitet und die Freude, dass
nix passiert war – riesengroß.

Ungefähr in diesem Alter soll sie auch mal einen ge-
schienten Arm gehabt haben, der an einer Strippe über
ihrem Bett hing. Angeblich hatte sie spielend ein Buch-
stabenrätselspiel in den Sand gemalt und da soll ein
Hund aus einem Tor gerannt sein, ihr in den Oberarm
gebissen und ihren schönen roten Mantel schmutzig
gemacht haben. Dann ist der Hund in das Tor zurück
und sie fluchtartig weinend nach Hause.

Ach ja und diese Kinderjahre von 6-7 waren sehr auf-
regend.

Die große Schwester war inzwischen in Berlin am
Stern'schen Konservatorium als angehende Pianistin
mit ihrem zukünftigen Mann – auch ein Musikstudent
– zusammengetroffen. Beide sind aus der sowjetisch-
besetzten Zone geflüchtet, weil sie von DDR-Schergen
mit einem Westschmöker bei der Fahrt von Cottbus
nach Berlin in der S-Bahn erwischt worden waren.

Der Bruder brachte mal einen kleinen Hund nach
Hause, der Sauerkraut fraß und alle Bücher anknab-
berte. Davon gab es viele im Haus. Meine Herrin
konnte inzwischen gut Fahrrad fahren und fuhr mit ihrem Vater früh morgens vor dem Öffnen des Ladens
zum Gemüsegroßhandel und transportierte so gut sie
konnte, kleine Kisten auf dem Gepäckträger.

Oft musste sie das Rad an die Hauswand lehnen, damit sie absteigen konnte, die Hausbeleuchtung abends abschalten, auf dem Dachboden die Fenster schließen bei Regen, die Straße Samstags fegen oder dann auch etwas später nach Ladenschluss, mit Kunden runter, um Vergessenes zu verkaufen. Brüderchen hatte sich auf die Musikfachschule in Potsdam verdrückt. Also war meine Herrin mit dem herzkranken Vater und der von aufopferungsvoller Arbeit gezeichneten Mama allein.

Als 6-Jährige stand sie an einem aus Kisten bestehenden Stand vor dem Laden und bot zum Beispiel Pflaumen an, welche die Hausfrauen doch zu Kuchen verbacken könnten, denn die gab es ohne Lebensmittelkarten.

In ihrem 7. Lebensjahr wurde ihre Mutter krebskrank. Zu der Zeit war sogar von einem guten bekannten Arzt nur eine Brustamputation angesagt. Der Krebs wurde nicht besiegt, denn genau weitere 7 Jahre später starb sie und genau an dem 14. Geburtstag unserer Herrin wurde ihre Mutter begraben und sie stand tränenlos am Grab.

Zwischen ihrem 7. und 9. Lebensjahr war sie oft auf die Ball- oder Fangen- spielenden Kinder rund um das Haus neidisch, denn das Nachbarhaus war auch weggebombt und so war die Frontseite des Zweiflügelhauses ideal zum Verstecken spielen. Auch die Fahrradtouren zur Bank zum Herrn Fetting, um das eingenommene Tagesgeld auf das Ladenkonto einzuzahlen, sind ihr in Erinnerung und – dass sie drei Kreuze als Unterschrift machen durfte, denn sie konnte ja noch nicht schreiben.

Wie erwähnt, kennen wir Löffelchen das alles nur aus Erzählungen, denn wir waren ja fast nie dabei.

16

Kapitel 5
„Haldis und Herta"

Sie soll mit einem Rucksack zur REWE-Zentrale gefahren sein, um Zigarettenstangen zu besorgen, mit einem Handwagen zur Firma BOCK Brausekisten und
zur Firma SCHULZ für Malzbierkistenkauf.
Alle kannten den Irrwisch und beliebt war sie scheinbar
auch. Die Cottbusser Kinder tauften sie „Pandit Nehru"
– so habe ich den Namen in Erinnerung – weil sie wie
eine Verfolgte mit dem Fahrrad vom Süden zum Nor-
den und vom Osten zum Westen radelte. Nehru war ein
indischer Politiker und galt als Friedensmacher in seiner Zeit. In Kinderphantasien zusammengeführt mit
dem damals im Osten berühmten Radrennen „Frie-
densfahrt", wurde so ein Spitzname für das Mädchen
daraus.
Endlich in der Schule, war sie sogar durch ihren Vor-
namen ein „Konkretum", wie es mal ein Lehrer erklärte: *„Wenn ich Hannelore rufe, melden sich mehrere – doch wenn ich „Hertaldis" rufe, dann gibt es da
nur einen Finger."* So verstand sie sehr früh den Unterschied zwischen konkret und allgemein (abstrakt).
Zur Musikschule durfte sie auch gehen. In der katholischen Frohschar, zum Tennis, zum Klavier- und Akkordeonunterricht und auch zum Orchester fand sie
sich regelmäßig ein.

Übrigens zu ihrem Namen HERTALDIS war sie gekommen, weil der Papa eine „Freundin" in Norwegen
hatte, während des Krieges, die Haldis hieß, die Mama
Herta. Beim Suchen nach einem Namen kam dann die
Schwester auf Hertaldi. Im Standesamt fragte man die
Schwester – es war noch Krieg – was ist denn dein Vater von Beruf? Marineverwaltungsinspektor in der Reserve! Das soll sie so selbstbewusst heruntergeschnurrt
haben, dass es wohl hieß: *„Na, dann müssen wir den
Namen wohl so eintragen."*

Den Namen HERTALDIS gab es bis zu diesem Zeitpunkt noch nicht. Das letzte „s" haben wohl die Eltern im Stammbuch dazu geschummelt, weil ihnen die Endung „i" zu kleinkindlich war.

Der erste, buchfressende, Hund war Wolf, dann kam Arrand, ein schwarzer, auch vom Bruder angeschleppter, der uns lange begleitete. Brüderchen war von der Potsdamer Musikschule nach Cottbus zurück. Weil er aus gesundheitlichen Gründen Posaune nicht weiter studieren durfte, sattelte er auf Kontrabass um und begann eine Lehre als Musikwarenfachverkäufer. Da gab es mal, ganz günstig, ein Akkordeon zu kaufen – also „musste" die Puppi – so lautete ein weiterer Spitzname unserer heutigen Herrin – Akkordeon lernen. Weil eine Studienkollegin der Schwester in Cottbus Direktorin der Musikschule geworden war, musste Puppi von ihrer ersten Klavierlehrerin Frl. Walter weg zu Frl. Dickhoff für beide Instrumente. Musiktheorie war an einem dritten Tag in der Woche. Zwei bis drei Termine täglich, Schularbeiten knapp und schnell erledigt, die Leseschwierigkeit mit dem „L" wie Lilo – die ganze Familie lächelte – behoben, stiegen ihre Noten zum Besseren. Jahr für Jahr.

Die Krankheit der Mutter belastete die Familie immer mehr.
Der Bruder hatte mit 18 das 1. Mal geheiratet, wieder zurück in die mütterlichen Spreewaldwurzeln. Seine Musikmucken hatten an den Wochenenden in umliegende Dörfer zu Tanzveranstaltungen geführt.

Die große Schwester lebte nun in Westberlin, ihr Studienkollege hatte sie zur Mutter gemacht und damit war damals die Pianisten-Laufbahn vorbei. Sie bekam hintereinander drei Söhne.

18

Der Vater meiner Herrin hatte inzwischen einen weiteren Herzinfarkt, rauchte wie ein Schlot „Turf", eine DDR-Zigarettenmarke und trank mit dem Küster der neben dem Wohnhaus stehenden evangelischen Lutherkirche kurz vor der Mittagspause um 13.00 Uhr gern ein Bierchen. Dieser Herr Born ließ unsere Herrin die Glocken um 12.00 Uhr läuten. Das war ein Riesenspass, wie sie erzählte, denn sie ließ sich am Strick hochziehen. Irgendwie verschaffte sie sich aber immer wieder eigene „Auszeiten". Tollte mit anderen Kindern in der Hausruine, fürchtete die Fledermäuse wegen ihrer Zöpfe, spielte trotz Vaters Schimpftiraden das Fangen rings ums Haus an der Ladentür vorbei, stromerte mit durch die Kleingärten, las heimlich Bücher aus dem Vorrat der Eltern.

Bei den mütterlichen Großeltern in Schmellwitz durfte sie die Gänse vom Nachbarn mithüten, Kühe auf die Weide treiben, Beeren im gepflegten Garten ernten, auf ein Plumpsklo gehen und das Wort *Plumpe* statt Pumpe benutzt sie heute noch.

Da gab es auch so einen herrlichen schwarzen Zottelplüschhund auf den Großelternbetten und der Dachboden war eine wahre Schatzkammer, um Werkzeuge wie Hobel, Feilen, Hämmer usw. kennen zu lernen. Zu Hause gab es so etwas nicht.

Kapitel 6
„Mutter"

Die Familienfeste zu den Geburtstagen waren besonders für uns Teelöffel immer eine Info-Fundgrube. Am 27.2. wanderte die Sippe nach Schmellwitz zum Geburtstag der Oma mütterlicherseits und am 28.2. in die Lutherstrasse zum Geburtstag der Mutter unserer Herrin. Am 1.3. dann wieder die Familien nach Schmellwitz zum Geburtstag des Vaters der Mutter.

Die Eltern des Vaters hat unsere Herrin nicht mehr kennen gelernt.
Der Hund Arka kratzte sich die Leine aus der Wand, öffnete die Korridortür nach innen und haute ab. Mit ihrer Mutter fuhr unsere Herrin zum Suchen bei tiefem Schnee. Es müsste 1957 gewesen sein, denn 1958 starb die geliebte Mutter. Gefunden haben sie Arka beim Liebesakt mit einem Rüden. Mühsam mit Hilfe der Fahrräder konnten sie das Liebespaar trennen und frohgelaunt wieder nach Hause fahren.

Im Jahr 1958 war unsere Herrin täglich bei ihrer Mutter im Krankenhaus, teilweise erkannte diese ihre Tochter nicht mehr wegen der Morphium-Medikamente. Im selben Jahr wurden auch die Lebensmittelkarten in der Zone angeschafft. Da musste im Laden mächtig zugepackt werden. Die Hausfrauen hatten im Winter immer ihre Zucker- und Fettmarken versucht zum Monatsende mit schon neuen zu tauschen, damit sie zum Einkochen der Gartenfrüchte nicht den sehr teuren HO-Zucker kaufen mussten.

HO war nicht die Abkürzung des Namens unserer Herrin sondern die „staatliche" Handels-Organisation. Die Markenzuteilungswaren kosteten dort ohne Marken das 3-4fache. Als nun die Marken abgeschafft wurden, tauschten alle schnell die gesammelten Markenvorräte in Ware um. Sie erinnert sich, dass sie zwei Säcke voll Zucker (ca. 100 kg) eingetütet hatte. Auch die Fettmarken in Margarine zum Backen.
Als an einem Abend, dem 8.7.1958 unsere 13-jährige Herrin nicht mit ins Krankenhaus durfte, weil es schon spät war – nur der 6 Jahre ältere Bruder durfte mit – verstarb die Mutter. Das verzieh sie ihrem Vater und Bruder bis über deren Tod hinaus nie. Zum Vorausdenken, was sie den Männern nicht zumutete – ein schwarzes Kleid zu kaufen usw. – war sie nicht zu jung.

20

Die Schwester war im „feindlichen" Westberlin und durfte nicht mal zur Beerdigung am 12.07.1958 einreisen mit der Begründung: *"Jetzt ist sie tot und da brauchen Sie auch nicht mehr hin!"* Das war Kommunistenmoral. Dieses Verachtungsverhalten begleitet meine Herrin als inneres Grauen bis zum heutigen Tag. Nun war klar, das Geschäft konnte der herzkranke Vater nicht allein weiterführen. Der Bruder hatte inzwischen das 2. Mal geheiratet und übernahm als Kommissionshändler in der DDR den Lebensmittelladen. Seine Frau war 18 meine Herrin 14.

Als der erste Sohn des Bruders in Cottbus geboren wurde, stieg der stolze Vater an der schon beschriebenen Turnhalle auf den Mauervorsprung und rief durch das Fenster mitten in eine Turnstunde hinein, dass das Kind geboren sei. Die verständnisvolle Lehrerin Frau Herrmann erlaubte unserer Herrin, nach Hause zu flitzen. Bei ihren Lehrern hatte sie schon lange ein Stein im Brett. Zum Beispiel lobte in der zweiten Klasse eine Frau Kitzler, dass dieses Mädchen niemals lügt. Daraus wurde für unsere Herrin lebenslang ein ehernes Gesetz. Karin Brühl war eine Klassenkameradin, die sich ihr angeschlossen hatte, sie war auch katholisch. In einer Religionsstunde, der Unterricht fand nachmittags in einer Schule im Stadtzentrum statt, drückten sie die Ellenbogen gegeneinander (saßen in der ersten Reihe) – so lange bis sie abrutschten. Darüber amüsierten sie sich so sehr bis die Lehrerin darauf aufmerksam wurde und sie schalt.

In der 4. Klasse musste sie mal in einer Aufsatzschreibezeit so lange tatenlos sitzenbleiben – obwohl sie fertig war – dass sie diese Zeit vertrödelt empfand.

In einer Pause am anderen Tag bezeichnete sie die eigentlich von ihr geliebte Lehrerin als „doof". Ihre beste Freundin erzählte das ihrer Mutter, die an der gleichen Schule unterrichtete. Ihre geliebte Lehrerin Frau List holte sie in der Pausenaufsichtszeit zu sich, damit sie sich dafür entschuldige. Es hat angeblich 14 Tage gedauert, bis unsere Herrin dazu bereit war. Von Stund' an genoss sie danach eine besondere Beachtung. Als sie im Geschichtsunterricht mitschrieb, wollten alle es auch so machen. Diese Lehrerin verweigerte den Anderen das mit der Bemerkung: „Hertaldis ist schon reif genug!" Diese Lehrerin fiel den „Stalinsäuberungsaktionen" zum Opfer.

Kapitel 7
„Selbstvertrauen"

Mit dem Geschichtslehrer, der dann kam, diskutierte unsere Herrin eine ganze Stunde an einem Aschermittwoch, weil sie ein Aschekreuz auf der Stirn hatte vom Kirchenbesuch vor der Schule. Er, der das als abgefallener Katholik genau kannte, hatte sich inzwischen in einen atheistischen Kommunisten gedreht. Alle Schüler waren über diese neue Stundenbeschäftigung des „Zuhörens" erfreut. Er war ein hübscher blonder junger Mann und unsere Herrin schenkte ihm zu irgendeinem Anlass einen Schlips. Er kommentierte: „soll ich mich damit erhängen?".
Wieder spielte die engste vertraute Freundin eine erbärmliche Rolle, denn bei einem Kirschpflücktag im Schulgarten äußerte sie laut, dass unsere Herrin doch verliebt in den „Jira" sei.
Von da an vertraute sie niemals mehr einem anderen Menschen etwas an, sondern lebt in ihrer eigenen Welt.

22

Eines Tages zeigte der Bruder meiner Herrin seinen im Kellereingang versteckten Kontrabass und gab zu erkennen, dass er in den Westen zur Schwester abhauen würde. Sie dürfe das aber Niemand sagen. Sie schwieg, denn sie liebte ihn abgöttisch. Sein Sohn und seine Frau waren noch zu Hause. Erst als er in „Sicherheit" war, sagte sie den Suchenden, wo er sei. Sie war 16 Jahre, ging zur erweiterten Oberschule. Die zweite Frau entstammte einer DDR-gefolgstreuen Familie und nun war Dilemma angesagt. Die Hoffnung, dass seine Frau mit dem Sohn nachkommen würde, führte ins Fiasco. Sie bat unsere Herrin, gemeinsam mit ihr zur Schwester zu fahren, doch der kommunistische Vater, der seine Tochter verriet, sorgte dafür, dass beide in Cottbus bereits vor der Abfahrt des Zuges abgeführt wurden.

Die Ausweise wurden einbehalten und auf die Frage, wo der Bruder sei, antwortete die 16-Jährige: *„Das wissen Sie doch besser als ich, was soll das Fragen!"*

Der Film „Das Mädchen Rosemarie" war gerade auf dem Kinospielplan und die Bemerkung der Verhörenden: *„Sie, – oder Dich – wissen wir nicht(!)*, hätten wir nicht aus dem Kino geholt, (der Film war ab 18 Jahre). Sie konterte: *„Dort hätten Sie mich auch nicht gefunden, denn ich gehe in keine Filme ab 18."* So war sie hart und widerstandsfähig geworden in der für sie feindlichen Umwelt.

Kurze Rückblende zur Johannes O. Familie in der Lutherstr.: der ältere Lehrerbruder Willibald war mit Frau und 4 Söhnen schon bald in den Westen gezogen. Der Bruder Leo war nach dem Kriege sehr krank und starb, doch seine Witwe lebte noch in einer Wohnung im selben Haus. Diese hatte irgendwann einen Schlaganfall und unsere Herrin hat oft erzählt, dass sie sehr, sehr lange auf den Krankenwagen neben ihr wartend die ganze Zeit die Halsschlagader beobachtet hatte, ob da noch was wackelt.

Sie war angeblich 13 Jahre und meinte, dass sie in dieser Wartezeit um Jahre gealtert sei. Es gibt viele Jahre später zu dieser Tante noch eine bedeutende Geschichte.

Jedenfalls purzele ich in der Zeit hin und her, doch bin ich ja nur ein Teelöffel und ich meine, dass das auch gar nicht wichtig ist. Eine Schwester der Mutter wohnte, wie erwähnt, im 3. Stock der Lutherstr. 12.

Kapitel 8
„Vater"

Die Kinder von Willibald und von Johannes und der Tante Lucie trafen sich oft in deren Wohnung und fummelten einmal am Ofen und die „neugierige" kleine Herrin schaute doch tatsächlich in das Feuer ohne Ofenringe. In diesem Moment schlugen die Flammen in ihr Gesicht. Sie hat heute noch die Narbe auf ihrer Stirn.

Eine Geschichte hat sie auch oft erzählt, dass sie im Leben eine einzige Ohrfeige bekommen hatte, als sie mal für ihren Bruder gelogen hatte – bei einer Schnittverletzung am Finger – mit dem „Geständnis", sie hätte sich an der Brotmaschine geschnitten. In Wirklichkeit hatte ihr Bruder sie mit einer Laubsäge beim Basteln am Finger verletzt. Na ja, als das Theater mit der Jugendweihe in der DDR – also Zone – losging, wollten die „Werber" zu ihrem Vater nach Hause kommen, um von ihm die Einwilligung zu holen. Da hätte sie prompt gesagt: *"Soll er jugendgeweiht werden oder ich?!"*.

Sie kamen nie und sie war mit der schon erwähnten, aber evangelischen, Freundin die Einzigen im ganzen Jahrgang, die nicht daran teilnahmen.

24

Sie schimpft noch heute über den Missbrauch des Wortes „Weihe", der schließlich aus christlichen Religionen stammt. Ihr Klassenlehrer Herr Köder, Physiker, war toll. Er kämpfte darum, dass unsere Herrin auch ohne diesen Zirkus und auch obwohl sie kein Arbeiter- und Bauernkind war, wegen ihrer Leistungen und ihres Charakters zur erweiterten Oberschule durfte, als Hinführung zum Abitur.

In meinem Monogrammkopf purzelt alles durcheinander. Sie lebte mit dem Vater und dem Hund nach einem missglückten Fluchtversuch des Bruders allein in der Drei-Zimmer-Wohnung in Cottbus.

Der „Flüchtling" war reumütig zur Frau und dem Sohn zurückgekehrt und wurde unter die Aufsicht seiner Frau gestellt, mit einer angeordneten Ortsgebundenheit im Umkreis des kommunistischen Schwiegervaters an der Ostsee.

In Cottbus hatte meine Herrin in der Polytechnischen Oberschule (POS) einen „Tag in der Sozialistischen Produktion" zu arbeiten. In Branitz in einer LPG (Landwirtschaftliche-Produktions-Genossenschaft) waren die Schüler zum Gurkenpflücken abkommandiert. Sie stibitzte welche und verstaute sie auf dem Fahrradgepäckträger. Ihr Vater entdeckte diese, schaute sie an und ging wortlos aus dem Zimmer. Der Laden war ja seit dem Fluchtversuch des Bruders geschlossen, denn der Vater war viel zu krank.

Als der Bruder zum Sterbebett des Vaters gerufen wurde, musste er im Hotel „Zum Schwan" logieren und durfte nicht in der Lutherstr. wohnen. Die Mauer, die 1961 von der Zone gebaut wurde, zerbrach dem Vater unserer Herrin das Herz. Nun konnte er seine geliebte ältere Tochter, deren Mann und die vier Söhne nicht mehr sehen.

Am Abend des 12.8.1961 wollten meine Herrin und ihr Vater zur Schwester nach Schlachtensee in Westberlin fahren, doch der Vater meinte, besser wär' es, früh zu fahren. Das war sein Todesurteil. Am 13.8.1961 war es nicht mehr möglich.

Mir fällt noch eine Geschichte ein. Meine Herrin hatte sich mit ihren Cousinen verabredet, zum Weihnachtstermin 1960, um abzuhauen. Ihren Plan bereitete sie vor durch den Kauf einer Mappe aus dem von ihr so geliebten gelben Leder, die sie mit nötiger Leibbekleidung füllte. Zu einem neuen selbst gewählten Termin im Januar 1961, nah dem „Verrat" im Dezember 1960 hatte sie dem Vater einen Brief ins Bett gelegt und auf dem Bahnhof auf den Zug nach Berlin gewartet.

Sie fühlte einen Blick im Rücken, zeitgleich, als der Zug einfuhr.

Sie drehte sich um und sah in die Augen ihres Vaters. Wortlos gingen Beide nach Hause. Den Brief hatte er noch nicht gefunden. Sie wollte ihn so locken, dass er auch zur Schwester kommt. Denn zu diesem Zeitpunkt war es noch möglich. Zu ihrem Fluchtvorhaben hatte sie nur ihren Tennisverbandssportausweis. Wieder missglückt durch eigene Entscheidung. Vater und Tochter haben niemals mehr darüber gesprochen.

Er kochte, besorgte Lebensmittel, kochte für den Hund, versuchte, ihre Wäsche zu waschen, wenn auch ein geliebter Mohair-Wollrock nach dem Waschen nur noch Mischfarben erkennen ließ.

Am 11.1.62 kam er ins Krankenhaus, der von unserer Herrin gerufene Bruder kam am Morgen des 12.1. mit seinem 4-jährigen Sohn ins Krankenhaus.

Sie gingen, – alle gingen, auch unsere Herrin – und Johannes O. starb.

Ich armer Teelöffel hatte nun auch keinen Namensgeber mehr.

Der herbeigerufene Bruder durfte dann mit seiner Frau und Söhnchen umsiedeln, denn meine Herrin war noch nicht 18 Jahre und die „Wächterin" zog ja mit in die Wohnung in der Lutherstraße.

Der im Testament bestimmte Vormund – der Ehemann der zweiten Schwester der Herrinmutter – lehnte die Vormundschaft ab. Also sollte der Bruder bis zur Volljährigkeit unserer Herrin die Vormundschaft übernehmen.

Für unsere Herrin begann eine furchtbare Zeit. Mit 70 Ostmark Vollwaisenrente musste sie ihren Lebensunterhalt bestreiten, das Bar-Erbe war für die Beerdigung, einen Anorak und eine Armbanduhr ausgegeben.

Die Kommunistenehefrau bekam Wurst von ihrem Vater von der Ostsee geschickt – der leitete ein FDGB-(Freier Deutscher Gewerkschaftsbund der DDR) Erholungsheim und lebte wie die Made im Speck.

Meine Herrin begann zu leben wie eine Jugendliche. Sie ging in Tanzlokale und hatte sich sogar auch schon für Jungen interessiert. Der Freund, den sie sich in der ersten Klasse ausgesucht hatte, war auch mit seiner Familie in den Westen verschwunden. Klaus Römel, den Namen hat sie nie vergessen. Jedenfalls ging sie in das Stadtcafe Cottbus und himmelte einen Musiker an. Da kam der Kellner und fragte, ob der freie Stuhl besetzt werden könne. Sie bejahte und ihr „Schicksal" kam an ihren Tisch. Ein Bäckergeselle der ausgerechnet in einer Firma arbeitete, die einer aus der Gemeinde gut bekannten Familie Zinke gehörte. Gesprächsstoff war gegeben.

Kapitel 9
„Hochzeit und eine dreifarbige Katze"

Am 17.6.1962 war die Begegnung. Sie konnte seine gekämmte „Ente" (alles nach einer Seite gekämmt) nicht leiden, sagte das und er ging und kämmte sie anders. Riechen konnte sie ihn auch nicht, da riet ihm ein alter Mann aus seinem Wohnhaus in Ströbitz, dass er mit Maden durchsetzten Käse essen solle. Er tat es!

27

Sie wollte immer noch nicht. Doch dann kam eines Tages dessen Mutter zu ihr in die Lutherstraße und sagte, dass er so krank sei, weil meine Herrin ihn nicht heiraten wolle. Also sagte sie *JA* und am 12.10.1962 heirateten sie. Die 12. Klasse hatte sie nicht mehr besucht, denn sie war inzwischen 18 Jahre. In der 11. Klasse hatte sie alles darangesetzt, nicht versetzt zu werden. Sie blieb 14 Tage der Schule fern, da kamen die Vopo (Volkspolizisten) zum Bruder und hatten gedroht, sie in einem Heim unterzubringen. Also ging sie wieder hin, gab zum Beispiel eine Klassenarbeit ab mit der richtigen russischen Überschrift, zwei leeren Seiten dazwischen und dem letzten russischen Satz ab. Auf die leeren Seiten schrieb sie: *"Ich wollte Ihnen die Durchsicht ersparen."*

Im Staatsbürgerkundeunterricht erschien sie mit einem verbundenen Finger, damit sie eine anstehende Klassenarbeit nicht mitschreiben musste. Der Finger war mit Klebstoff und roter Tinte als Blut bearbeitet, damit der Lehrer den Verband nicht von der Wunde abziehen konnte. Jedenfalls strengte sie sich sehr an, schlechte Noten zu bekommen, doch durch die guten Noten im ersten Halbjahr schaffte sie es in keinem Fach auf eine 5 (die schlechteste Note). Also wurde sie versetzt!

Nach ihrem 18. Geburtstag im Juli betrat sie keinen Tag mehr die Schule. Ihr Klassenlehrer hatte sogar noch eine Beurteilung ins 11. Klassenzeugnis geschrieben, dass sie einen „staatsfeindlichen Einfluss" auf die Klasse hätte.

Sie hatte also vor, einen geachteten, aber nicht geliebten Bäckergesellen zu heiraten. Sie hatte selbst keinen Beruf, kein Abitur und zu Hause bei der nun 22-jährigen Schwägerin und ihrem geliebten aber „unfreien" Bruder ein unfrohes Leben vor sich. Sie sann auf einen geordneten Rückzug.

Ihre Erkundigungen fanden eine zu verpachtende Bäckerei in Spremberg mit einer dazu gehörenden Wohnung. Das war es! Raus und weg.

Doch einen Handwerksbetrieb konnte man nur als Meister in einem selbständigen Gewerbe ausführen. Kein Meister, kein Geld für die Ablösung der Maschinen. Meine Herrin kämpfte wie eine Löwin. Beim Vorfühlen in der zu verpachtenden Bäckerei gab ihr der alte Meister als Probe Pfannkuchenteig in die Hand und die Aufgabe, daraus eine Kugel zu formen. Wie der geklebt haben soll, könne sich Niemand vorstellen, erzählte sie. Ihre am Klavier geübten Finger waren geschickt, so dass es gelang und der Verpächter war einverstanden. Die Handwerkskammer und die Bank waren noch „zu besiegen". Sie diskutierte so lange, bis die Auflage, in zwei Jahren den Meisterbrief vorzulegen und von der Bank den 4.000 Ostmark gewährten Kredit in regelmäßigen Raten zurückzuzahlen als zu erfüllende Voraussetzungen ausverhandelt war. Nun blieb nur noch die Heirat und der Umzug.

Am 12.10.62 fand die Hochzeit im kleinsten Familienkreis statt, mit den Schwiegereltern und einer halben Flasche Kirschlikör. Am 14.10.62 der organisierte Umzug in das neue Heim in Spremberg. Jeder Gegenstand war genauestens für die neue Wohnung im Geiste schon gestellt, so dass die Umzugshelfer die Gegenstände nur so hinstellen mussten und als die zurückfuhren, war die Wohnung einschließlich der Zimmerpflanzen komplett eingerichtet. Kurz darauf kam Einer von der Handelskammer, um die ganze Sache in Augenschein zu nehmen und verabschiedete sich: „Ja, Ihnen können wir das Vertrauen aussprechen."

Jetzt waren sie also in Spremberg, mit einem Kind im Bauch und den kältesten Winter im 20. Jahrhundert in ganz Europa vor sich. Der erste Kälteeinbruch war Mitte November 1962.

Nachts um zwei stand sie mit auf, um beim zusätzlichen Heizen mit einem Ofen in der Bachstube die notwendige Temperatur für das Garen der Backwaren zu erzeugen und bei den notwendigen Arbeiten zu helfen.

Um 8.00 Uhr morgens verkaufte sie im Laden und der Ehemann kümmerte sich um die noch notwendigen Konditorarbeiten.

Eine dreifarbige Katze hatte sich zu ihnen gesellt, das werteten sie als Glücksbringer und gaben sie nicht zurück.

Sie erfuhren, von wem Richard Offermann an seine drei Söhne das Haus als Erbengemeinschaft vermacht hatte und die der Vater unserer Herrin verwaltete. Weil sie Alleinerbin war, wollte sie nun Mietzinsgewinne von den letzten Jahren. Zu diesem Zeitpunkt lebte noch die Schwester in Westberlin und sie schickte unserer Herrin einen uralten Schuldschein des Leo an Johannes über 1.000 Mark. So konnte der Spieß umgedreht werden und die damals bei ihrem Schlaganfall betreute Tante Anna musste nach dieser gemeinen Attacke pro Monat 50 Mark an unsere Herrin zurückzahlen.

Kapitel 10
„Kinder, Kinder, Besen, Bürsten und Pinsel"

Auch wieder Hürden bewältigt. Ich bzw. wir würden nur noch nicht mehr benutzte Teile sein, wenn wir so oft zerquetscht worden wären. Im Februar 1963 rückte der Geburtstermin ran und unsere Herrin fuhr nach Cottbus mit einem Linienbus zur Entbindung.

Nach 24 Stunden, am Geburtstag der Mutter unserer Herrin, kam Tochter Hertaldis auf die Welt. Glücklich und froh für sehr kurze Zeit, wartete das nächste Unheil. Das auf der Entbindungsstation hereingeschobene Bett hatte eine offene Fuß-Seite und durch die Kälte 1963 und Zugluft hatte sie eine beiderseitige Eierstockentzündung bekommen. Drei Monate war sie krank und eine Verkäuferin musste eingestellt werden.

Diese Belastung war nicht mehr zu erarbeiten.

30

Rate, Miete, das zusätzlich notwendige Gehalt konnte durch den fleißigen aber nur allein arbeitenden Gesellen nicht mehr getragen werden. Eine bis dahin verkapselte Krankheit brach beim Ehemann unserer Herrin durch den Stress aus und der Laden musste geschlossen werden.

Als meine Herrin mit ihrer Tochter entlassen wurde, meinte der Arzt: *„Die kriegen Sie nicht durch, denn mit drei Monaten sollte der Säugling sein Geburtsgewicht verdoppelt haben und Ihr Kind hat noch nicht mal das Geburtsgewicht erreicht."*

Zu allem entschlossen, begann sie den Kampf. Der Flaschennuckel bekam ein größeres Loch, damit sogar klein gehackte Kohlrabistückchen mit durchrutschten. Kurz! – sie hat es geschafft und Geld musste her. Also: Krippenplatz besorgt und als Kellnerin gearbeitet, im Bürgerhaus in Spremberg. Es machte ihr Spaß, gefragt und beliebt zu sein.

Aus der Bäckereiwohnung zogen sie in eine Wohnung unter dem Dach in ein anderes Haus ohne Toilette. Dort war noch die Toilette im Schuppengebäude auf dem Hof.

Ein wenig den Geldnotstand haben sie sich, laut Erzählung, mit Gurkensammeln auf Feldern verringert. Sie hat in dieser Zeit auch einen Abendschullehrgang zum Abiturerwerb belegt und eine Berufsausbildung zum Kellner mit einmal wöchentlichem Berufsschulbesuch in Hoyerswerda begonnen. Man war beim Kellnern auf sie aufmerksam geworden und bot ihr an, Gaststättenreferentin beim Rat des Kreises zu werden.

1963/64 zum Weihnachtsfest zogen unsere Herrin und ihr Mann los und sägten den stolzesten Tannenbaum vorm Rat des Kreises bei Nacht und Nebel ab. Damit feierten sie noch in der Bäckereiwohnung. In die Mansardenwohnung waren sie gezogen, damit sie aus dem dreijährigen Mietvertrag herauskamen. Die Monatsmiete ließ die Schulden in die Höhe schnellen.

Der Ehemann arbeitete als Vertreter für Besen, Bürsten und Pinsel. Beide hatten Arbeit, hatten sich mit dem Geld und den Abzahlungsraten arrangiert und da kam der Einberufungsbefehl zur Armee zum Pflichtdienst für drei Jahre. 1964 war die zweite Tochter Petra, ohne Komplikationen, geboren.

Unsere Herrin schaffte das Abitur, die Kellnerfacharbeiter-Prüfung und die Arbeit beim Rat des Kreises begann nun morgens um 7.00 Uhr: Sie brachte die Kinder mit dem Fahrrad davor in die Krippe, legte sie nach der Arbeit ins Bettchen und weckte sie nach der Abendschule, um mit ihnen zu schmusen und zu spielen. Sie war der Ansicht, dass sie in der Krippe schlafen könnten, denn da verpassten sie sowieso nix.

Nun wollte sie auch studieren, nach all den Anstrengungen. Bei einem Heimaturlaub des Soldaten hatte sich ihr Mann bei einer Tochter mit dem Hepatitis epidemica-Virus angesteckt. Auch unsere Herrin landete mit dieser Diagnose im Krankenhaus, doch sie wusste, warum der Erreger in ihrem Körper noch nach einem halben Jahr so leichtes Spiel hatte. Ein älterer Mitarbeiter beim Rat des Kreises hatte ihr Interesse gefunden, als sie ihm einen Kuss geben wollte, drehte er den Kopf weg. Das war für sie so dramatisch, dass sie prompt mit Gelbsuchtsymptomen ins Krankenhaus kam.

Kapitel 11
„Umzug nach Berlin"

Sie wusste es besser, bestach eine Krankenschwester mit 5 Mark, damit sie ihr saure Gurken besorgte. Bei den Visiten sah sie immer staunende Ärzte, weil ihre Werte verdreht waren. Was hoch sein sollte, war niedrig und umgekehrt der andere Wert. Mich darf man nicht fragen, hier lag keine normale Patientin.

Nach 6 Wochen wurde sie entlassen, hatte ihren Kummer besiegt, fing ihre Kinder wieder aus dem katholischen Kinderheim in Michendorf ein und startete die Bewerbung für Psychologie in Berlin. Sie legte eine brillante Aufnahmeprüfung hin, wie sie erzählte, doch die soooo schlauen Prüfer meinten, dass sie ein Studium mit zwei kleinen Kindern nicht bewältigen könne.
Sie gab wieder nicht auf.

Grübelnd, was möglich wäre, mit dem Abitur und einem Handelsberufsfacharbeiter und dem unumstößlichen Ziel, dem Spremberg nach Berlin zu entkommen. Also Lehrerin für Musik und Geschichte. Wieder Aufnahmeprüfung im Kupfergraben für die Humboldt-Uni in Berlin und bestanden. Das Studienjahr ging los, die Musikstudenten mussten in den letzten Ferientagen schon anreisen, um die Immatrikulationsfeier vorzubereiten: Chorsingen bis zum Umkippen.
Die Kinder hatte sie im Katharinenstift in der Greifswalder Str. untergebracht. Sie wurde vom Chorleiter zum Arzt geschickt – weil die Stimmbänder überprüft werden sollten. Prompt, schlimmer konnte es nicht kommen. Sie hatte Stimmbandknoten und damit schloss sich in der Zone ein Lehrerstudium aus.
Die Kinder hatten schon ihren Heimplatz, der Gatte noch in Spremberg und sie stand wieder vor einer Riesenhürde.

Welches Fach war nicht so begehrt? Ökonomie! Davon verstand sie ja sowieso was nach ihrer Kindheit im Kaufmannsladen. Sie wurde genommen.

Start! Sie lebte in einem Studentenwohnheim in Biesdorf von der Lehrerfakultät, danach im Wohnheim der Hochschule für Ökonomie in Karlshorst. Die Kinder konnte sie nicht zu sich holen, nur immer im Heim besuchen. Sie strampelte und strampelte. Für ihren Mann hatte sie inzwischen ein möbliertes Zimmer in der Linienstrasse in Berlin besorgt.

Die teuflische Verknüpfung: ohne Wohnung keine Arbeit und ohne Arbeit in Berlin keine Wohnung. Zeitgleich organisierte sie für ihn eine Arbeit in der Berliner Großbäckerei, so dass er auch nach Berlin kommen konnte.

Nun galt es, die Familie zusammen zu holen. Also suchte sie nach einer Hauswartstelle in einem Berliner Wohnkomplex mit drei Aufgängen und einer dazu gehörenden Parterrewohnung im Hinterhaus ohne Bad und Dusche. Egal.

Alles perfekt vorbereitet und den Umzug von Spremberg in die Gleimstr.18 in Berlin, 500 Meter von der Mauer zwischen Ost- und Westberlin.

Jetzt war sie glücklich – weil sie in der gleichen Stadt wohnte, wo ihre Schwester lebte, zwar getrennt durch die Mauer, Stacheldraht und Schießsoldaten, doch innerhalb Berlins gab es die Möglichkeit, dass Verwandte sich besuchen könnten. So ging das von 1966 also in Berlin für alle 4 weiter.

Einen Besuch hat sie in Berlin erlebt, in der Friedrichstraße, mit ihrer Schwester, doch hatte die Stasi (Staatssicherheit) sie im Visier.

Sie sollte Mitstudenten bespitzeln, wozu sie nicht bereit war. Dazu kam ein Unfall in der S-Bahn nach Karlshorst. Mitreisende Kerle beleidigten ihren Mann und da kannte sie nix, sie verlangte, dass sie das lassen sollten.

Beim Heruntergehen rempelten die Kerle eine ältere Frau, die meine Herrin vor dem Herunterfallen schnell festhielt. Rotes Tuch für die Kerle.

Am Ausgang zur HfÖ (Hochschule für Ökonomie Berlin) standen sie und langten ihr eine Ohrfeige, so dass sie erst wieder im Krankenhaus wach wurde, denn sie war an einen Laternenmast geschleudert worden. Die Geburtsdaten ihrer Kinder murmelnd ist sie wohl im Krankenhaus gelandet.

Der Instinkt, ihr Gedächtnis zu verlieren, kämpfte so gegen ihre retrograde Amnesie an: Natürlich auch hier nichts Normales. Ein Doktor behandelte sie als Hirnerschütterungspatientin und der andere Schichtdoktor als Gehirnerschütterungspatientin. Diese Diagnosen zeigen aber entgegengesetzte Symptome. Bei einer ist man umtriebig und will laufen und bei der anderen liegt man apathisch. Man kann sich vorstellen, wie der Patient sich fühlt, wenn er umtriebig ist und angeschnauzt wird, warum er nicht still liegt. Dieses Hin und Her führte natürlich wieder zum Entlassen auf eigene Verantwortung.

Nun hatte sie ja sogar eine vorweisbare Krankheit und konnte dadurch die Exmatrikulation anstreben, denn wer aus einer Uni oder Hochschule mal raus war, kam in der DDR normalerweise nirgends mehr rein.

Kapitel 12
„Ackern und Bildung"

Sie hatte schon zum Volksentscheid 1968 im Blauhemd (Kleidung der FDJ-Freie Deutsche Jugend) erscheinen sollen, doch sie trotzte.

Sie fuhr mit ihrem Mann nach Cottbus, liefen dann von Cottbus nach Lübbenau. Spät nachmittags gingen sie dort in ein Wahllokal und wollten ihre Stimme scheinbar abgeben. Sie wusste, dass man das nur am Wohnort machen konnte.

Also verlangte sie, dass die ihr rotes Telefon nach Berlin bedienen sollten. Doch ohne Erfolg.
Jetzt kommt der Gipfel. Da ließ sie sich eine Bescheinigung ausstellen, dass sie ihre Stimme hatten abgeben wollen. Ich bin überzeugt, dass von den damals 17 Millionen DDR-Bürgern unsere Herrin und ihr Mann die Einzigen waren, die beweisen konnten, dass sie nicht für die Verfassung gestimmt hatten. So gab es zwingende Gründe für sie, die Hochschule für Ökonomie zu quittieren. Sie schaffte es tatsächlich, mit der noch offenen Option wieder studieren zu dürfen. Sie wurde eben nur gestrichen und nicht exmatrikuliert.
Jetzt musste wieder neu organisiert werden. Die Kinder 5 und 4 Jahre, keine eigene Arbeit außer der Hauswartsstelle und der Mann hatte in einer privaten Bäckerei als Geselle angefangen.

Die Hauswartswohnung parterre Hinterhof zeigte Schimmel. Sie hin zur Hygienedienststelle und wegen der kleinen Kinder auf Zuweisung einer anderen Wohnung bestanden. Nach der Zerstörung durch den Krieg war die Wohnungsknappheit so groß, dass große Wohnungen in den Berliner Mietshäusern an zwei Parteien vermietet wurden.
So hatte sie im Dezember 1968 eine geteilte Wohnung in der Greifswalder Straße zugewiesen bekommen. Küche, Bad, geteilter Korridor und zwei Zimmer zur Straße hin gelegen, mit Balkon.
Sie „kaperte" auf der Schönhauser Allee per Zuruf einen Pferdewagen und zog mit Sack und Pack in die neue Wohnung.
Träume und Ziele im Kopf hatte ein Pfarrer im Einzugsgebiet der Hauswartswohnung das schlummernde Potential unserer Herrin erkannt und schubste sie in eine Eheberaterausbildung, die in dieser Gemeinde mit Dozenten aus Westdeutschland unter der Schirmherrschaft des Bistums Berlin organisiert worden war.

36

Sie war die Jüngste, gerade 24 Jahre. Alle anderen viel, viel älter. Chefärzte in Kliniken, Diözese-Angestellte der Bischofskirche St. Hedwig, Sozialarbeiter aus der ganzen DDR und sie als Küken dazwischen. Die Ausbildung dauerte mehrere Jahre und auch aus der neuen Wohnung nahm sie weiter daran teil.

Im Haus der neuen Wohnung war im Erdgeschoss eine Backwarenverkaufsstelle der HO. (HO = Handelsorganisation, staatliches Einzelhandelsunternehmen). Der Handel umfasste alle privaten Bereiche des Lebens, von Lebensmitteln bis zu Haushaltswaren.

Sie bewarb sich dort als Verkäuferin, um wenigstens etwas zu verdienen und im Wechsel mit ihrem Mann die Kinder betreuen konnte, denn der musste ja mitten in der Nacht zur Arbeit und kam vormittags nach Hause. Das funktionierte, bis die ältere Tochter eingeschult werden sollte.

Die Ausbildung dauerte mehrere Jahre, jeweils Samstags, die sie bis zu einer richtigen schriftlichen Prüfung durchhielt.

Ihre Dozenten waren Prof. Hellmut Juncker, Prof. Schmeisser und Prof. Greve, damals Leiter der Schlossparkklinik in Berlin Charlottenburg.

Die Einschulung war ein Ereignis, bei dem ihr klar wurde, dass sie ihre Kinder nun den, von ihr gehassten, Kommunisten überlassen musste.

Sie ging in die Schule und stellte sich der Hortleiterin vor. Da in der DDR die Frauen meistens arbeiteten, war eine Nachmittagsbetreuung notwendig. Diesmal war das Glück auf ihrer Seite, hat sie so oft erzählt, denn die Chefin vom Hort musterte sie, stellte sie zum 11.8.1969 ein, mit der Verpflichtung, eine 1. Klasse in der Hortzeit eigenverantwortlich ohne spezielle Ausbildung bis zu diesem Zeitpunkt zu übernehmen.

Meine Herrin sprang ins Wasser und schwamm. Die Einschulung war erst am 1.9. und so konnte sie noch dafür sorgen, dass ihre ältere Tochter zu einer erfahrenen älteren Lehrerin in die Klasse kam. Sie hatte mit ihr gesprochen und das Argument benutzt, dass sie jung allein sei. Eine ältere Lehrerin wäre viel besser für sie, weil keine älteren Bezugspersonen wegen der Familiensituation vorhanden.

Bald sprachen sich ihre Fähigkeiten in der Schule herum und so manchen Konflikt zwischen Lehrern und Schülern musste sie helfen zu klären.

Als ein Kind mal ausgeschult wurde, weil es ihre erste Klasselehrerin nicht leiden konnte, packte unsere Herrin wieder die Wut. Den kirchlichen Ausbildungsabschluss hatte sie ja schon, doch in der DDR konnte sie in der staatlichen Volksbildung damit nicht punkten. Also beschloss sie, eine DDR-Ausbildung für ein externes Lehrerstudium dazuzufügen, doch die Stimmbandknoten forderten wieder einen Umweg.

Die Hortchefin – eine Freundin bis zu deren Lebensende – hatte den helfenden Einfall, sich über einen freundlichen leitenden Mitarbeiter der Jugendhilfe eine Delegierung zu beschaffen. Denn Horterzieher sei ja nicht so dauerhaften Sprachbelastungen ausgesetzt wie im damals noch üblichen Frontalunterricht.

Also Extern-Lehrerstudium für Erzieher mit der Lehrbefähigung für Deutschunterricht am Berliner Lehrerbildungsinstitut in Berlin Köpenick.

Nun war die Ackerei hart, Haushalt, Arbeit, nachts Selbststudium, Kinder zur Musikschule bringen – Auto gab es natürlich keins –, mit ihnen Instrument erlernen geübt und was sonst noch anfiel.

Prüfung nach 6 Monaten erfolgreich bestanden, durch ihren Einsatz als Vertretungslehrerin hatte sie zusätzlich Selbstvertrauen gewonnen.

Manche Wochen vergingen, wo sie früh zum Vertretungsunterricht in der Schule erscheinen musste und anschließend im Hort ihre Gruppe übernahm. Als sie noch nicht in der Schule arbeitete, hatte sie die Klavierausbildung ihrer Tochter Hertaldis begonnen und im Februar 1968 übergab sie die weitere Ausbildung einem Fachmann in der Musikschule. All dies überdenkend, stellte sie fest, dass Lehrer beinahe das Doppelte verdienten, weil sie ja „nur" Horterzieherin mit Lehrbefähigung war.

Teelöffel 13
„SELBSTÄNDIGKEITS-TRAININGS-ZENTRUM"

Also wieder den zu besiegenden Weiterbildungsstier bei den Hörnern gepackt und zum Verantwortlichen für Hochschulbildung gepilgert. *„Sie bekommen eine Delegierung zum Studium der Pädagogischen Psychologie in Leipzig als Fernstudent mit der Bedingung: Sie müssen bei verhaltensgestörten Kindern in speziell dafür eingerichteten Schulklassen arbeiten!"*
Dazu war sie bereit.
Ihre Kinder wusste sie gut betreut bei der Freundin Hortleiterin und dem Erzieherteam, das sie ja inzwischen persönlich „geprüft" hatte.
Im Jahr 1972 ließ sie sich von ihrem Mann scheiden, denn so jung wie sie noch war, hatte sie die irrige Auffassung, dass unterschiedliche geistige Ansprüche für Kinder störend wären. Als sie den Ausspruch hörte, – was brauchen Kinder ein Abitur – war ihr Entschluss gefasst. 1976 begann sie ein Fernstudium mit dem Ziel: Pädagogische Psychologin zu werden. Jeweils 14 Tage in den Ferien zum Dauerlehrgang in Leipzig, dazwischen Selbststudium, schriftliche Testate, usw... .

Die Kinder stellten die Wohnung in dieser Zeit oft „auf den Kopf", denn die ihnen zur Seite stehende Bekannte war nicht Tag und Nacht bei ihnen. Sie waren ja auch noch recht jung. 13 und 14 bei Beginn und 15 und 16 im Diplomjahr.

Sie fühlte sich angekommen. Dipl. Pädagoge in Pädagogischer Psychologie.

Inzwischen war die musikalische Ausbildung beider Kinder ausgeweitet worden. Die Ältere lernte zum Klavier auch noch Cello spielen, die Jüngere Klavier und Kontrabass. Wilde Zeiten für die drei „Damen". Wir als Beobachter hofften nun auf ruhigere Zeiten.

Es begann eine neue Phase, doch als der Direktor der verhaltensgestörten Sonderklassen sie aufforderte – „als Mitglied des Leitungskaders haben Sie die vorgegebenen Richtlinien bedingungslos einzuhalten" – bot sie ihm Paroli. Sie verbündete sich mit der zuständigen Jugendhilfeärztin Fr. Dr. Worrmann und heckte mit ihr einen Plan aus.

Im Jahr 1979 war von der DDR-Regierung das „Jahr des Behinderten" ausgerufen worden. Ein von Beiden begründeter Anlass, eine Einrichtung für junge Erwachsene nach ihrer DDR-Heimkarriere zu befähigen ein selbständiges Leben zu erlernen, aufzubauen. Ziel war das Leben in einer eigenen Wohnung. Ob geistiges Defizit oder mangelnde Verhaltenskontrolle die Ursache für ihre Unselbständigkeit waren, sollte nicht ausschlaggebend sein. Damit begründete meine Herrin den Wechsel von der Volksbildung in das Gesundheitswesen als Beschäftigungsträger.

Wieder Neustart, nach 10 Jahren Volksbildung im inneren Widerstand zur politisch tendenziösen Bildung in der DDR.

Eine einmalige Aufgabe, etwas noch nicht Existierendes aus dem Boden zu stampfen. Sie wälzte Literatur von Don Bosco Modellen in Südamerika bis zu Makarenkos Einrichtungen in der damaligen Sowjetunion.

Sie fuhr in die Jugendhilfeheime und testete mögliche über 18-jährige Kandidaten auf ihre „NOCH-LERN-FÄHIGKEIT".

Inzwischen wurde eine Etage in einem Altersheim mit separatem Zugang im Hinterhaus nach den Vorstellungen unserer Herrin renoviert und mit notwendigem Mobilar für den Erstbezug, Küche zum Kochen und Gemeinschaftsraum ausgestattet.

Nach 6 Monaten Vorbereitung bezogen am 8.4.1980 die ersten fünf Jungerwachsenen ihr neues Domizil.

Neben anderen waren das: ein Mensch mit Down-Syndrom, ein verwahrloster Arztsohn mit speziellen Verhaltensauffälligkeiten direkt aus der Familie und ein bereits dauerhaft im Altersheim (neben der Müllschlucker-Raum-Kammer untergebrachter) 23-Jähriger. Alle nun mit der Aussicht, ein selbständiges Leben in einer eigenen Wohnung führen zu können.

Sie nannte die Einrichtung: „STZ":

SELBSTÄNDIGKEITS-TRAININGS-ZENTRUM

Im gleichen Jahr eröffnete im Prenzlauer Berg Berlin ein „SEZ" von schwedischen Experten erbaut. Ein Sport und Erholungs-Zentrum. Das Tollste was es in Ost-Berlin je gab. Vom Kegeln zur Sauna, vom Schwimmbad bis zur Sporthalle und einem Restaurant.

Die Töchter unserer Herrin mussten nun sich selbst lenken. 17 und 16 Jahre. Sie konnten es, doch hatten sie eben ihre eigenen Vorstellungen von Notwendigem und Möglichem.

Jedenfalls fiel in die Vorbereitungszeit auch noch der heimliche Wunsch meiner Herrin, eine Promotion zu erlangen. Also bewarb sie sich beim legendären Prof. Tembrock, einer internationalen Koryphäe in der Tierverhaltensforschung. Ihr Thema. „Akustische Parameter menschlicher Kommunikation". Er wollte sie!

Zu diesem Zeitpunkt wusste man noch nicht, dass man körperliche und seelische Zustände diagnostizieren könne, durch solche Parameter. Das brachte erst die spätere Raumfahrtsforschung und Erfahrung als anerkanntes Wissen in die Welt.

Unsere Herrin hatte aber inzwischen ihre zu trainierenden jungen Männer kennen gelernt und wusste für sich selbst, dass diese Arbeit an den Menschen direkt wichtiger war, als ihr persönlicher Forschungstraum. Deshalb schlug sie dieses einmalige Angebot aus. Wir haben nie erfahren, ob sie es bereut hat.

Teelöffel 14
„Josef Stauder"

Die Tätigkeit im STZ entzog sich unserer Beobachtung, denn wir lebten ja weiter in der Greifswalder Str. bei den Töchtern. So viel wissen wir aber aus den Erzählungen, dass nach einem halben Jahr die nächsten fünf jungen Männer dazu kamen. Die erste Gruppe war in die nächste Entwicklungsstufe gekommen. Dann kamen wieder 5 dazu, bis sie in eigenen Möbeln innerhalb der Einrichtung schon ganz quasi selbständig wie in der eigenen Wohnung unter beobachtender Hilfe lebten, bis sie in die eigene Wohnung auszogen.

Dann kamen die üblichen Schikanen. Sie musste ihre Tätigkeit in ihrer Einrichtung STZ aufgeben und war nun mittellos ohne Einkommen.

Sie war 1981 – als die ältere Tochter 18 geworden war, eine eigene Wohnung, die von der Mutter erkämpft worden war, zugewiesen bekommen hatte – mit der jüngeren Tochter in eine kleine Wohnung in der Sylter Str. gezogen. In der Realität lebte sie im Büro bei den Unselbständigen und die 17-jährige Tochter war allein in der gemeinsamen Wohnung zu Hause.

Hier müssen wir eine Geschichte von einem wichtigen Freund unserer Herrin einfügen.

42

Die Arbeitsstelle der Sonderschule für die verhaltens-
auffälligen Kinder, wo sie ja für ihr Studium hatte arbeiten müssen, war zwischen der Mauergrenze und der
S-Bahnstation „Schönhauser Allee". Dort gab es ein
Café mit dem Namen „Mocca-Stube". Jeden Tag nach
der Arbeit huschte sie wohl da hin, um umzuschalten.
Dort begegnete sie den verschiedensten Typen. Einem
fiel sie besonders INS OHR, möchten wir nach ihren
Erzählungen sagen, denn der sehr alte Dauergast stellte
sich taub, hielt die Hand hinters Ohr und schützte sich
scheinbar so vor blödem Gequatsche. Er sprach sie eines Tages an, das Etwas, wovon sie Anderen erzählt
hatte – ein Kindermusikspiel – ihn aufmerksam auf sie
gemacht hätte. Unsere Herrin hatte in der neuen Einrichtung auch das Fach *Rhythmisch-musikalische Erziehung* übertragen bekommen.
Damit begann 1977 eine wichtige Freundschaft zwischen dem in Radevormwald 1897 geborenen Regis-
seur Josef Stauder und unserer wissensdurstigen und
stets auf Menschen neugierige Herrin. Er wohnte in der
Oleanderstraße, war 80 Jahre und brauchte zu Hause
Hilfe. Er hatte zwar eine Putzfrau, doch die kam ja nur
einmal in der Woche. Also war unsere Herrin oft mit
Kindern oder auch allein jeden Tag den Weg von der
Greifswalder zu ihm gepilgert und hat mit ihm über
Theater, Film, Literatur und Lebensweisheiten geplau-
dert. Er hatte einen Wohnwagen auf seinem gepachte-
ten Wassergrundstück in Bindow und einen eigenen
Steg zum Baden. Unsere Herrin war am Wochenende
mit den Kindern oft nicht zu Hause, wir konnten nur
beim Zurückkehren ihren Gesprächen lauschen.
Ihre ältere Tochter wollte wohl mal vom Steg einen
Kopfsprung ins Wasser wagen und unsere Herrin
fühlte die Gefahr. Um ihr das zu zeigen, machte sie
selbst den Kopfsprung, sie war eigentlich gut darin,
doch mit dem Wissen um das Risiko wahrscheinlich zu
verkrampft. Jedenfalls blieb sie mit dem Kopf im
Schlamm stecken – Stauchung der Wirbelsäule.

Zu der Zeit war sie ja bereits beim Gesundheitswesen beschäftigt und ihre Chefin hatte ihr schon eine Gitarrenlehrerin für ihre jüngere Tochter vermittelt. Als die Chefin unsere Herrin nun nach dem Unfall im Büro im des STZ erlebte, kam dieselbe auf die Idee, dass sie Jemand kenne, wo sie vielleicht besser gesunden könne. Der Hausstand war in die Sylter Str. gekommen, so eben auch wir Beobachter. Kurz und gut, als die jüngere Tochter 18 wurde, erkämpfte unsere Herrin auch für sie eine Ein-Person-Wohnung in der Dunckerstraße. Und sie zog offiziell zu der sie nach dem Unfall betreuenden Person in Alt-Hohenschönhausen.
So kamen wir an den Ort, der noch heute mehr als 40 Jahre später unser zu Hause ist.

Kapitel 15
„Leben ist nicht direkt planbar"

November 1988 Ausreise. Nach dem Ausreiseantrag war lange Zeit vergangen. Der mit der jüngeren Tochter am Tauftag der Pauline gefasste Plan, dass Hertaldis als Erste, dann unsere Herrin und dann Petra und Pauline auf Familienzusammenführung die weiteren Anträge betreiben sollten, konnte vorangetrieben werden.
Zu der Zeit studierte Hertaldis Kirchenmusik in Görlitz. Sie hatte 1986 ihren Antrag gestellt und bekam 1987 ihre Ausreisegenehmigung.
Doch das Leben schreibt andere Wege als vorgedacht.
Als unsere Herrin Hertaldis 1987 ihre Tochter Hertaldis im Tränenpalast, Berlin Friedrichstr. zur Ausreise bis zur 1. Schranke begleitete, sah sie sie das allerletzte Mal.
Nach ihrem eigenen Antrag auf Ausreise wurde ihr ihre Einrichtung STZ weggenommen.
Als Erfinderin und Leiterin des STZ wurde sie nun arbeitslos. Arbeitslosengeld gab es in der DDR nicht.

44

Die Geschichte von der Scheingemeinsamkeit in der Syltstraße mit der jüngeren Tochter haben wir schon erzählt. Auch von dem Unfall auf dem Wassergrundstück in Bindow, Heidesee und die zur Krankenpflege vorgeschlagene Freundin der ehemaligen Chefin unserer Herrin, gab ihr von ihren Instrumentalschülern welche ab, damit sie etwas Geld verdiente.

Das musste natürlich heimlich passieren. Sie hatte ja während der Arbeit bei den verhaltensgestörten Kindern sogar für Studenten Demonstrationsstunden für das Fach Musiktherapie- und rhythmisch musikalische Erziehung gegeben und spielte selbst mehrere Instrumente.

„Leben ist nicht direkt planbar", haben wir sie oft sagen gehört. Ihre Tochter Petra hatte inzwischen eine von meiner Herrin unabhängige Wohnung in Berlin Buch bezogen. Sie hatte einen Förster kennen gelernt und der sollte einen Forstbezirk als Revierförster bekommen. Doch war das nur für Verheiratete möglich. Sie gab also ihre Wohnung auf und der endgültige Bruch bereitete sich vor.

In der Zeit des STZ hatte eine DDR-Schriftstellerin Daniela Dahn ein Kapitel in einem Buch über den Prenzlauer Berg und dabei auch über die einmalige Einrichtung des STZ unserer Herrin geschrieben. Eines Tages rief Dahn sie an, ob sie an einer Lesung in der Stadtbibliothek (neben dem UWUBU – Ulbrichts-Wucher-Bude) offiziell „Palast der Republik" auf dem ehemaligen Platz wo das Berliner Schloss stand, teilnehmen wolle.

Unsere Herrin gab durchs Telefon Kunde, dass sie zwar komme, doch nicht schweigen würde, warum sie das STZ nicht mehr leiten dürfe.

Zwei Tage später – noch vor dem Lesungstermin – lag ihr LAUFZETTEL im Garten, von vor der Tür liegend in den Sand geweht.

Der Laufzettel war mit Dienststellen, Aufgaben und zu erledigenden Pflichten beschrieben, die man abarbeiten musste, doch war es dann eigentlich geschafft.

Der sie befragende Staatssicherheitsmitarbeiter fragte sie nach ihrem Namen, sie fragte zurück: „ *Und Sie?* " Beide kannten sich, denn dessen Tochter war bei der befreundeten Musikpädagogin Schülerin. Wenn diese zum Unterricht kam, dann verschwand unsere Herrin in den Nebenklassenraum, denn die Schülerweitergabe war ja, wie schon gesagt, heimlich.

Auch musste unsere Herrin zum Psychiater, sie erzählte angewidert, doch nicht überrascht, dass sie sich splitternackt ausziehen musste.

Auch lauerten Stasis der Musikpädagogin vor der Schule in Weissensee auf und erzählten, dass eine Bombe in der Schule sei und sie würden sie nun mitnehmen. Unerschrocken haute sie ihren, zum Geburtstag von den Schülern geschenkten, Blumenstrauß den Männern ins Gesicht.

Völlig verblüfft ließen sie sie heimfahren. Zu Hause angekommen, wunderte sich unsere Herrin über den Strauß ohne Blüten. Dadurch erfuhren wir davon.

Da die Freundin – eine sehr begabte und erfolgreiche freiberufliche Musikpädagogin – an ein Kulturhaus angeschlossen war, gab es auch Diplomatenkinder unter ihren Schülern. Vielleicht beschützte sie das vor Ärgerem.

Der Tag der Ausreise war der glücklichste und zugleich traurigste für alle. Wir wussten, dass sie sich vielleicht niemals wieder sehen würden. Unsere Herrin fuhr vom „Tränenpalast" an der Berliner Friedrichstraße nach Hannover. In Helmstedt holte sie tief Luft, erzählte sie später. In Hannover empfing sie der zuvor ausgereiste Freund Ralf.

Kapitel 16
„Die Bürgschaft"

Sie gingen zu McDonald und auf dem Weg dahin rief sie von einem öffentlichen Telefon an, dass sie „RAUS" sei. Handy gab es noch nicht. In Marienfelde, dem Aufnahmelager in Westberlin konnte sie eine Adresse eines Bekannten nennen, denn sie wollte nach Baden-Württemberg in das Drei-Länder-Eck, als schnellere Möglichkeit, in die Welt zu reisen. Weit, weit weg von der DDR! So wurde sie weiter nach Raststadt gelenkt und landete in Badenweiler. Ein Ort unweit von Freiburg.

Bei ihrem ersten Trip zu Fuß über die Brücke nach Neuf-Brisach am ersten Tag nach Erhalt ihres BRD-Passes lief sie die Ledersohlen der noch in der DDR gekauften Schuhe durch. Beim Rückweg sollte sie in einen Extraraum an der Grenze zur Durchsicht ihrer Dinge von Frankreich nach Deutschland. Sie bestand darauf, direkt den Rucksackinhalt zu zeigen.

Ein Brot und eine Tasse von Neuf-Brisach waren ihre Mitbringsel.

Bereits im Dezember zog es sie wieder nach Berlin, denn ihre Lieben waren ihr zu weit weg. Wir wissen nur Manches, nur dass sie Sylvester auf der Westseite der Mauer auf einem Sichtturm mit einer langen Wurstkette um den Hals ihrer Freundin im Osten zuwinkte. Sie hatten sich für dieses Sehtreffen verabredet (per Telefon!), eine Bekannte aus der Brüdergemeinde wohnte in der Heinrich-Heine-Str. direkt an der Ostseite der Mauer.

Ein Zimmer in einem Gemeindehaus in Spandau war ihre erste Berliner Unterkunft. Im Frühjahr 1989 bezog sie eine 36 qm Wohnung in Reinickendorf.

Es gäbe noch viele Details zu berichten, doch wir waren nicht im Umzugsgut, das nun nach Westberlin organisiert worden war.

Unsere Herrin bereitete also die Flucht der Freundin vor. Am Telefon erfuhr sie, dass ihre Freundin vor einem geplanten Familienbesuch bei ihrem Bruder in Ingolstadt, der über Westberlin führte, von einem Stasimitarbeiter – Herrn Faulhaber (!) - bis 16.00 Uhr vernommen worden war. Ihre Papiere hatte sie aber zurückerhalten. Unsere Herrin befahl im wahrsten Sinne des Wortes, noch am selben Tag loszufahren. Sie kam mit einem Akkordeon und einer Flasche Korn! – sie trinkt nie! Auf der Westseite des Bahnhofs Friedrichstraße stiegen Beide wohl wegen der Aufregung in die falsche S-Bahn, die wieder durch den Osten fuhr – die S-Bahn war insgesamt Hoheitsgebiet der DDR. Angsterfüllt stiegen sie dann in den Zug nach Reinickendorf. Unsere Herrin leitete zu dieser Zeit schon ein Flüchtlingsheim in der Oldenburger Str. von der Charitas.

Flucht gelungen! – Am 9.November fiel die Mauer. Wir waren noch im Anwesen der Freundin in Alt-Hohenschönhausen. Unsere Herrin hatte zur Fluchtvorbereitung ihre Enkelin Pauline bei deren Mündigkeit für das Anwesen der Freundin vorgesehen und ihre Tochter Petra bis dahin als Treuhänderin vorgesehen. Ein Notar hatte dieses Vermächtnis bestätigt.

Als Petra und ihr Mann die Herrin in Reinickendorf besuchten, vereinbarten alle 4 die Rückgabe. Der mit dem Notar vereinbarte Termin brachte eine böse Überraschung, denn nur Stunden vor dem Termin an dem vereinbarten Tag hatte Petra bei eben demselben Notar das Anwesen ihrem Gatten – dem ROTEN FÖRSTER übertragen – notariell beglaubigt. Diese Information bekam unsere Herrin von einer Mitarbeiterin des Notariats.

Gebrochen nach all diesen Kämpfen begann nun unsere Herrin einen bitteren neuen Kampf. Sie hatte wie in Schillers „Bürgschaft" sich über ihre Lieblingstochter der Freundin gegenüber verbürgt, dass das Anwesen bei veränderten politischen Verhältnissen wieder in den Besitz der Freundin übergehen muss, denn der Staat konfiszierte die Anwesen von Republikflüchtigen. Unsere Herrin beauftragte einen renommierten Anwalt, der am Kurfürstendamm ansässig war. Der Prozess ging in erster Instanz verloren. Für die Verhandlung in zweiter Instanz sammelte unsere Herrin selbst Argumente und „lenkte"(!) den Anwalt. Sie hat oft erzählt, dass sie dabei das Vertrauen total verlor, dass ein Anderer ihre Probleme lösen könne. Während der Verhandlung wurde das von Fachleuten für unmöglich gehaltene Ergebnis erzielt. Sie musste binnen zwei Stunden 10.000 DM auftreiben, wenn unserer Herrin das gelänge, würde die Rückübertragung angewiesen und rechtsgültig. Als Grund wurden angeblich entstandene Kosten genannt (kein halbes Jahr Fremdverwaltung!). Aber auch dafür war unsere Herrin vorbereitet, fuhr zum Schließfach, schnappte das inzwischen mühsam gesparte Geld und mit einer Taxe zurück ins Gericht. Sie hatte die Freundin gerettet, doch ihre Tochter verloren, doch noch lange nicht in ihrem Mutterherz. Nun war der Weg frei, dass unsere Herrin wieder zu uns zurückkommen konnte und wir mit ihr und der Freundin unser weiteres Dasein gemeinsam verleben durften. Von ihrer Arbeit seit 1990 in Musikschulen wissen wir wenig. Doch 1991 begann unsere Herrin den ehemaligen Hühnerstall und die Garage sowie den ehemaligen Probenraum der Freundin auszubauen.

In lang vorausdenkendem Handeln befürchtete sie, dass sie eines Tages die Treppen zum Haupthaus nicht mehr steigen könnte. Ihr Hauptanliegen war eine ebenerdige Möglichkeit, auf dem zurückeroberten Erdflecken bis zum Ende ihrer Tage würde wohnen zu können.

Aus der Reinickendorfer Zeit hatte sie schon Arbeitsmöglichkeiten für die Freundin vorbereitet. Im Dezember 1989 fuhren sie zur ersten Schülerin der Spandauer Musikschule in die Schule in der Jaczostraße.

Die Arbeitsstelle als Leiterin des Flüchtlingsheimes hatte sie durch Spitzel aus der DDR verloren. Nach der Probezeit eben nicht übernommen, denn die kirchlichen Einrichtungen waren auch infiltriert. Wieder Verrat! Es galt, was Neues zu finden. Sie ging in die Selbständigkeit, gründete das „BERLINER ICH HAUS" für das eine Standbein als Lebensunterhalt und Instrumentalunterricht und musikalische Früherziehung an der Spandauer Musikschule als zweites Standbein.

Der Unterricht fand in der gleichen Schule statt, wo ihre Freundin ihre Schüler unterrichtete. Für die Freundin hatte sie noch zwei andere Musikschulen in Reinickendorf und Tiergarten erobert.

Der Fahrweg von Reinickendorf täglich nach Spandau wurde bei dem Schülerzulauf für Beide zu mühsam. Deshalb mieteten sie bei einem Vater eines Schülers einen Kellerraum für das Übernachten, wenn die Tage zu lang waren.

Ihre Freundin hatte inzwischen auch in Reinickendorf eine Ein-Zimmer-Wohnung bezogen. Zwei Wohnungen, drei Arbeitsstellen und viele Schüler waren nicht mehr zu halten. Also eine Wohnung zum Zusammenführen der zwei Haushalte und der Kellerraummietsstelle vorbereitet.

Eine 120 qm Wohnung in Spandau in der Gatower Str. führte alles an einen Ort zusammen. Doch zum angestrebten Lebensmittelpunkt wurde das Haus der Freundin in Alt-Hohenschönhausen anvisiert. Täglich quer durch Berlin, hin und zurück ca. 60km und immer täglich über in der Straße vermauerten Grenzstreifen aus Wackersteinen.

Bei einer Familienfeier erzählte sie mal, dass sie mit ihrem ersten West-Auto, einem „Mitsubishi Colt", 1990 ganz unverschämt durch das Brandenburger Tor gefahren sei – gegen jede Vorsicht und Angst vor Bestrafung. Das war ihr scheinbar für sich selbst sehr bedeutsam.

Von ihren Reisen können wir kaum was erzählen, denn wir waren ja nie dabei, nur, dass sie davor immer sehr beschäftigt war mit Vorbereitungen, Buchungen und sowas.

Kapitel 17
„Schnuppern an der Welt"

Doch dass sie im Jahr drei- bis viermal für längere Zeit weg war, bemerkten wir schon. Oft waren auch Beide unterwegs. Begleitet wurden sie bei den Reisen ja auch nicht von Katzen, Hunden und Pferden. Die wurden in Heimen versorgt, die Katzen im Haus von Freunden und die Pferde von Vertrauten täglich geritten.

Die ersten Ausflüge hatte sie, nach dem was wir hörten, wohl als Tagesausflüge mit Bussen unternommen. Sie erzählte mal ehemaligen, uns besuchenden, Schülern, dass sie nachts im Bus nach Paris, den ganzen Tag herumgelaufen, sich auf der Bank am Triumphbogen kurz lang gelegt hätte und weiter gelaufen, dann nachts wieder zurück. Auch Florenz hatte sie so bestaunt, nicht erfasst, nur erst mal Appetit durch Schnuppern geholt.

In New York irrte sie am Flughafen so lange im Suchen nach dem Ausgang, dass sie dachte, „dann kann ich gleich hier bleiben", denn es war ja ein Kurztrip per Flug.

Aus dem ersten „Asylort" Badenweiler war sie schon mal nach Köln gefahren. Den Kölner Dom kannte sie von einem Mitbringsel ihrer Mutter von einem Katholikentag, denn der hatte ein Mini-Loch in der Frontseite des kleinen Gebildes, durch den man die Innenansicht des Doms sehen konnte. Als sie dann im Dom wirklich stand, erzählte sie, dass sie eine Riesenwut und Zorn durchströmt hat, mitten in diesem herrlichen Gotteshaus. Dass die Kommunisten solch Erleben unmöglich gemacht hatten, was sie selbst nicht mal als Sünde am geweihten Ort empfand.

Eine Geschichte aus der frühen West-Zeit ist auch erzählenswert. Mit ihrem Mitmenschen auf einer Billigreise nach Paris per Bus, standen sie in Notre Dame vor der Herz-Jesu-Statue. Davor schwor sie sich, dass sie 1.000 DM spendet, wenn der noch laufende Prozess zur Rückübertragung des Anwesens der Freundin, wofür sie mittels ihrer Tochter gebürgt hatte, gut ausginge. Also vor der Rückgabe.

Danach war sie dann wieder mit ihrem Mitmenschen ein paar Tage länger in Paris und hat ihr Versprechen eingelöst. Sie hat Niemand davon erzählt, nur uns! Zu diesem Zeitpunkt war das für sie ein Riesenbetrag. Lange musste sie das Geld wieder heimlich ansparen. Schillers „Bürgschaft" war für sie eben ein Gesetz.

Reiseziele: alle deutschen großen Städte im Westen. Europa: Italien Nord bis Süd, Bilbao, Madrid, Malaga, Cordoba, Granada, Portugal, Schweiz, Österreich, Luxembourg, Belgien, Niederlande, Liechtenstein, Dänemark, England, Frankreich, Irland, Schweden, Island, Finnland, Kroatien, Split, Pula, Krakau, Wroclaw

Fernreisen: Singapore, Bangkok, Honkong, Australien, Tasmanien, Südafrika, Marokko, Ägypten, Indien, Delhi, Akaba, Tadsch Mahal, USA, Venezuela, Sri Lanka, Namibia, Mexiko ...

Vor der Ausreise: Warschau, Varna, Sofia, Bukarest, Budapest, Moskau, Leningrad, Usbekistan, Tadschikistan, Turkmenistan, Kasachstan ...

Sicher fehlen noch ein paar... .

Während der Ost-Zeit, als das Unglück in Tschernobyl war, konnte sie zu den weißen Nächten nach Leningrad reisen. Es waren so viel Westdeutsche von ihrer Reise zurückgetreten und weil sie die Quote „Arbeiter/Intelligenz" in der Zone erfüllte und deshalb diese Reise buchen konnte. Als sie die Medrese in Samarkand besuchen wollte, buchte sie eine Rundreise von Taschkent ausgehend, denn den Rat, die Ostländer noch vor der Ausreise zu besuchen, beherzigte sie. In Moskau wurde ihr ihre geliebte Armbanduhr im Bus vom Arm geklaut. Bei der Tschernobylreise so will ich sie mal nennen, aß sie in Leningrad – wie es damals noch hieß – nur Nahrungsmittel vom Vorjahr und fiel natürlich auf. Auch trennte sie sich öfter von der Gruppe, weil sie einmal englischsprechend, einmal russisch sprechend, sich Eingang ohne Gruppe in die Eremitage verschaffte. Dadurch sah sie auch Etagen, die den DDR-Bürgern nicht gezeigt wurden. Zum Beispiel die französischen Impressionisten. Das konnte sie nur durch ihre Alleingänge erleben. Dort soll sie nach ihren Erzählungen sich in eine Kuss-Skulptur von Rodin verliebt haben. Zuvor hatte sie von diesem Künstler noch nie gehört. Danach begann sie alles Mögliche über ihn zu lesen. Durch diese Erfahrungen zuvor in Leningrad, wusste sie sich auch bei der Taschkent-Reise durchzusetzen. Denn ihr Grund war die Medrese in Samarkand und die DDR-Touristen sollten sich Kolchosen (landwirtschaftliche Produktionsgenossenschaften in der Sowjetunion) ansehen. Ihre Reisegruppe hat, wie die Touristen aus der BRD, diese Sehenswürdigkeit bestaunen und erleben können.

Übrigens sind wir ja auch schon sehr alt, deshalb tauchen Erinnerungen oft erst zu bestimmten Anlässen auf, sind aber zeitmäßig nicht in richtiger Reihenfolge. Denn jede Minigeschichte, die hier auftaucht, erscheint uns in unserem, eigentlich ruhigen und gleichmäßigem Leben, bis zum Übergang in den endgültigen Haushalt unserer Herrin erzählenswert. Eine sehr arbeitsreiche Zeit von 1992 an für Beide in den letzten 11 Jahren zusammengeschweißten Weggefährten begann. In der Zeit bis dahin waren die drei Musikschulen bedient und die 100 Früherziehungskinder gebildet worden. Ab 1992 waren Katzen und Hund dauerhaft in ihrem Haushalt. Auch Hühner kamen dazu. Bald zog ihr Mitmensch wieder offiziell nach Alt Hohenschönhausen als Hauptwohnsitz in ihr Haus.

Noch eine Verrücktheit: Die Beiden hatten mal bewundernd bei einem Stopp einer üblichen Autofahrt am Wochenende vor einer Koppel mit Pferden gestanden. Einmal kam ein älterer einsamer Reiter aus einem Wald und das war der Anlass, dass unsere Herrin sich entschloss, auch reiten zu lernen. Sie war 50 Jahre! So nahm sie die ersten Reitstunden in Löhme – nicht weit weg vom Haus. Während der Longenstunde stieg ausserhalb der Reithalle an einer Leiter ein Mensch bis zum Fenster hoch, das Pferd erschrak und unsere Herrin fiel runter. Ein Fadenriss im Becken und erst mal Pause. Sie ließ nicht locker und suchte sich eine Reitschule in Spandau, zu der sie größeres Vertrauen hatte. Am Olympiastadion in der Pichelsdorfer Straße fand sie ihren gesuchten REITLEHRER.

Trotzdem hatte sie sich auch nach einem Stall in der Nähe des Hauses wieder umgesehen. Sie fand einen in Trappenfelde, der auch Montags Reitstunden erteilte, denn sie musste ja täglich zum Unterricht nach Spandau und auch vormittags für die Früherziehungskinder. Es klappte. Sie hatte inzwischen auch Lust auf ein eigenes Pferd bekommen. Sie ergatterte erst mal eine Reitbeteiligung auf dem Vollblut „TARTAROS". Der halbe Weg war geschafft. Die Bemerkung ihrer Freundin: „*wieso dauert das Reiten-Lernen denn so lange*" beantwortete sie zu deren 60. Geburtstag mit einem Geschenk von 10 Longenstunden. Sie kannte sie zu gut und wusste, dass sie die niemals ungenutzt verfallen lassen würde. Eine Reithose, Weste, Schuhe, Kappe war das auf dem Küchentisch präsentierte Geschenk mit dem Gutschein.

Nun fuhren Beide zu dem neuen Stall, ritten auf Schulpferden und Beteiligungspferden im Einzelunterricht und Abteilungen. Nach der Beteiligung kommt der Wunsch nach einem eigenen Pferd. Sie fuhren wieder in der Gegend herum, um ein Gehöft zu finden, das für Mensch und Pferde geeignet wäre. Ein Pferd, dem unsere Herrin in die Augen geschaut hatte, wurde das sofortige Wunschtier. Ein Englisches Vollblut. Sie besprach sich mit ihrem Stallmeister, Herrn Nissemeyer und zwei Tage später stand das eigene Pferd „ORION" im Stall in Trappenfelde.

Kapitel 18
„Das Glück der Erde ..."

Den Eintritt in das Jahr 2000 erlebte es schon dort. Unsere Zeitsprünge muss der Leser entschuldigen. Vor dem Kauf war jeden Tag zuerst das Beteiligungspferd die freudige Aufgabe, pflegen, reiten, lieben. Tartaros zog weg, sie bekam eine neue Reitbeteiligung. Leo – ein ruhiges Warmblut.

Als sie dann Orion gekauft hatte, ging die Leo-Reitbeteiligung an ihre Freundin über. Also waren Beide in der Woche mehrmals dort. Unsere Herrin täglich. Es kam, wie es kommen musste. Die Freundin wollte nun auch ein eigenes Pferd. Auf einer Such-Tour fanden sie eins, das zum Verkauf stand. Unsere Herrin setzte sich mitten in einer Koppelherde auf das Pferd. Das soll nach Fachleuten irre sein, haben wir bei Erzählungen oft gehört. Gesehen, geritten, gekauft. Nun hatten Beide ein eigenes Pferd, das Neue wurde Fresco nach den Gipsverzierungen an Gebäuden benannt. Ein Pferd mit Namen Fiasco hatte die Besitzerin von Fresco im Unterricht mal abgeworfen und das hatte zu einer ernsten Schulterverletzung geführt. In Spandau hatte sie auf dem Schulpferd „EMIL" das Galoppieren gelernt, da musste die ganze Abteilung wohl auf sie warten, bis sie endlich zum Galopp bereit war.

Sie erzählte nebenbei, dass ihr alle schon leidtaten, weil alle warten mussten. Herr Stolpmann in Spandau war schon ein sehr erfahrener Lehrer. Als unsere Herrin mal vom Schulpferd rutschte, war sein Kommentar: *„Nun wissen Sie wenigstens, wie das ist!"*

In Spandau ist unsere Herrin Winter wie Sommer jeden Morgen tapfer zu ihrer Reitstunde raus. Ihr besonderes Pferd war „NELLY", die sie beinahe zu einem zu frühen Kauf eines Pferdes animiert hätte. Der warnende Spruch dieses Reitlehrers: *„Was wollen Sie denn als Anfängerin mit einem eigenen Pferd?"*

Beim ORION-Kauf (der hieß zuvor Ozelot) war sie nach ihrer Reitbeteiligung auf dem englischen Vollblut TARTAROS und danach LEO schon bedeutend geübter.

14 Jahre begleitete sie ORION in ihrem Leben. FRESCO starb noch im gleichen Jahr.

Das Reiten war dann auch beendet. In der letzten Zeit war sie Beide jeden Tag vormittags geritten, denn die Freundin hatte schon vorher das Reiten beendet.

Da gab es noch ein Schäfchen, das ihr mal ein Schäfer an dessen 3.Lebenstag in die Arme gelegt hatte, weil es von der Mutter nicht angenommen worden war. Verrückt wie unsere Herrin schon damals war, nahm sie es mit nach Hause, holte vom Bauern immer frische Kuhmilch und zog es mit der Flasche auf. Zuerst war es im Badezimmer untergebracht, später kaufte sie ein Holzhäuschen mit einem Gatter ringsherum als eigenen Stall. Es fuhr mit dem Auto mit, ging im Wald an der Leine und als es zu groß wurde, übergab sie es einer Familie mit einer kleinen Schafherde.

Zuvor war es auch mit nach Spandau in die Unterrichtswohnung mitgefahren, hatte eine Windelhose an, lag auf dem Sofa und beknabberte zur Freude aller Schüler die erreichbaren Notenpapiere.

Die vertrauenserweckende Familie kam dann mal mit einem Karnickelbraten zu Besuch und beichtete, dass sie „Marat", so war der Name des Schäfchens, geschlachtet hatten. Unsere Herrin hasst sie bis heute und hat nie wieder ein Wort mit ihnen gesprochen.

Die Namenswahl war schon prophetisch, denn auch Marat wurde gemordet.

Nach dem Ausbau der Garage, des Hühnerstalls, des Probenraumes und eines zusätzlichen Badezimmers wurde auch in Ostberlin eine Musikschuleinrichtung unter eigener Regie betrieben. Die Organisation musste bei diesen verschiedenen Aufgaben sehr ausgeklügelt gewesen sein.

So wie wir Zwei JO und HF irgendwie ähnlich sind, so sind auch unsere Herrin und ihre Freundin ähnlich fleißig, zielbewusst und nicht zu bremsen, wenn es um die Bewältigung von Herausforderungen geht. Auch das 1002 qm große Anwesen erfordert viel Arbeit, doch dabei hielt sich unsere Herrin mehr und mehr heraus.

Diese Zeit zu erzählen, ist für uns ziemlich anstrengend, denn nur alles aufzuschnappen, wenn Besuch da war und wir direkt auf den Tischen Zeugen sein konnten beim Erzählen der verrückten Reiseberichte, überfordert unser Leistungsvermögen.

Sie hat ja mal angefangen ihre Mitbringsel Nickis zu fotografieren und jeweils zu Souvenirs kleine Geschichten zu schreiben, doch wissen wir nicht, ob sie noch daran arbeitet, es beendet oder verworfen hat. Jedenfalls ist sie fast jeden Tag mit einem anderen Nicki am Tisch, auf dem wir gekreuzt liegend sie an ihre „Pflicht" uns zuzuhören, erinnern.

Übrigens erzählte sie neulich am Telefon, warum zwischen uns eine alte West-D-Mark liegt. Sie war als Kind auf der Rückfahrt von Westberlin, wo die Schwester wohnte, mal erschrocken in der S-Bahn vor dem Lehrter Bahnhof, hielt in der Hand dieses Markstück und rief laut „Auweia, ich habe die Mark noch nicht umgebracht!". Ihr war die Gefahr, mit der von der Schwester geschenkten Westmark in den Osten zu fahren, also schon als Kind sehr bewusst.

Die Anwesenden hatten schon verschlossene Gesichter, denn das hatte sie lange beobachtet, dass sich das Gebaren auf der Fahrt von West nach Ost beim Grenzübertritt deutlich veränderte.

Eine Geschichte ist auch erzählenswert, dass sie bei so einer Fahrt an ihrem Geburtstag einen Koffer voller Süßigkeiten geschenkt bekommen hatte und dass eine Haushaltshilfe ihrer Eltern, ihr einen Muff und einen Umhang, den ihre Mutter aus einem alten Pelzmantel in Ermangelung anderer Geschenke hatte von Tante Mariechen schneidern lassen, gestohlen hatte. Vielleicht ist sie deshalb heute Tieren näher als Menschen, was sie oft sagt.

Kapitel 19
„Wo das ICH sich tummeln kann"

Wenn unsere Herrin mal murmelnd liest, was sie bis jetzt von uns aufgeschrieben hat, dann merken wir, dass es durch die Zeiten kreuz und quer geht. Ihr verlangt aber wirklich zu viel von uns, schließlich sind es nun fast 100 Jahre, dass wir in dieser Familie gelebt haben und unsere Herrin hat in ihren 77 Jahren auch selbst eine Menge erlebt.

Wenn wir nun an die Zeit nach dem Mauerfall, den wir natürlich auch ablauschten, dann wird uns ganz schwindelig, deshalb sind die Erinnerungen auch so durcheinandergewürfelt.

1989 vermittelte die Musikschule Spandau der Freundin die erste Schülerin in der Jaczostraße in einer Schule in Spandau am Nachmittag zum Akkordeonunterricht. Sie sind die Straße mit Bekannten, die den Beiden in der ersten Westberliner Zeit halfen, probeweise abgefahren, damit sie dann auch wirklich ihr Arbeitsziel finden.

Danach bekam die Freundin noch Verträge von der Musikschule im Tiergarten und Reinickendorf. Also in drei weit auseinanderliegenden Berliner Bezirken.

Unsere Herrin hatte vom ersten Gehalt als Leiterin des Flüchtlingsheims einen gebrauchten preisgünstigen Mitsubishi Colt gekauft. Das war die Basis, um so beweglich zu sein.

Unsere Herrin ist zwar Psychologin, doch wegen der Erfahrungen wollte sie auch mit dem im Osten gegebenem Instrumentalunterricht zunächst ihren Unterhalt verdienen, denn die Schüler kamen ja freiwillig. Wie schon erwähnt, hatte sie 10 Gruppen vormittags in Spandau pro Woche für musikalische Früherziehung. Es waren 4-6jährige Kinder.

Die Gesamtorganisation war nicht einfach, doch Beide arbeiteten so Hand in Hand, dass sie sich vor Schülern kaum retten konnten. Wir erinnern uns, dass es mal ein Riesen-Brimborium auf unserem Wohnort seit 41 Jahren gab. Da kamen mindestens mehr als 100 Menschen zum Anwesen.

Die Kinder bauten im Garten ihre Instrumente auf, der junge Hund Titus war noch ganz klein und durfte von den Besuchern nicht angefasst werden.

Die Kinder waren teilweise kostümiert, denn sie führten ein von unserer Herrin selbst komponiertes Singspiel *Schneewittchen* auf.

Es war für Alle ein Riesenspaß.

Zur Wegbeschreibung zum BERLINER ICH HAUS was sie im Osten im ausgebauten Chalet gegründet hatte, verfasste sie folgende Zeilen für Spandauer:

Führ das Heer bis zu dem Tor (Heerstrasse)
Versuch die Wälle zu bezwingen
Folgst du weiter dieser Spur
Wird sie dich zum Alex bringen (Alexanderplatz)
Erst der Spargel vor der Nase (Fernsehturm)
Dann ihn gerade im Genick
Kommst du bis zur Buschallee
Geradeaus in einem Stück
Lesen sollt' schon einer können
Denn der Busch hört auf am Rhin
Und der Gehrensee dich einlädt
Um links den Gottfried anzuseh'n
Dietrich zerrt dich um die Ecke
Rechtsherum bis zu dem Haus
Wo das ICH sich tummeln kann
Bis die Sorgen alle raus
(die Klammern haben wir ergänzt)

Kapitel 20
„PS: Coronaauswirkung"

Jetzt haben wir unsere Herrin immer vor der Nase. Sie hat sich seit mehr als zwei Jahren eingeigelt. Sie besucht Niemand, geht in kein Museum, in kein Konzert und verreist nicht mehr. Nur manchmal fährt sie noch zu ihrem Boot. Davon haben wir noch gar nicht erzählt. Sie hatte sich ein Schlauchboot besorgt, das in Kladow untergebracht war. Wir hatten schon von dem Kellerraum berichtet. Dort hatte sie sich sogar eine transportable Küche, mit Kochplatten und Kühlschrank angeschafft. So viel wir wissen, steht die heute noch im Futterraum für die Hühner im Keller im Hohenschönhausener Haupthaus – also unter uns!!! Jedenfalls musste das Boot zum Wasser getragen werden, um damit zu „spielen", heißt, zu paddeln. Doch langsam weiß Jeder, der das liest, dass unsere Herrin dabei nicht stehen blieb. Also animierte sie noch zwei Frauen mit ihrer Vertrauten, gemeinsam den Bootsführerschein zu erwerben. Alle vier zur Schule – brav wie Kinder und alle die Prüfung bestanden. In Berlin brauchte man einen Bootsführerschein für Boote mit größerem Motor. Nun war die Voraussetzung erfüllt, dass sie nach einem Motorboot suchen konnte. Ihre etwas anders geartete Freundin wollte natürlich ein größeres Boot als unserer Herrin vorschwebte, mit der Begründung, dass der inzwischen große Hund Titus, den unsere Herrin damals als vier Wochenhund aus dem Tierheim geholt hatte und inzwischen so groß wie ein Kuvasz, aber mit Hängeohren, gewachsen war, sich auch im Boot wohlfühlen sollte. Schließlich war eins gefunden. 7,30 Meter lang und 2,80 Meter breit mit einem 40 PS Renault-Motor.

Also fuhr unsere Herrin nach Basel zum Nummern-konto, löste es auf und hatte die „Knete" beisammen. In einem Yachthafen, 5 Minuten von der großen neuen Arbeitswohnung in der Gatower Str. entfernt, fand sie einen Liegeplatz. Das Schlauchboot diente als Beiboot, mit dem sie in der Scharfen Lanke ruderte, denn ihr Mitmensch ist kein Wassertyp, hat sie bei den Erzählungen immer wieder erwähnt. Nun war scheinbar alles beisammen.
Haus in Alt-Hohenschönhausen, Pferde,
Autos – immer zwei –
Boote, Hund und Katzen. Noch keine Hühner!

Wir haben einen solchen Sonderstatus, dass wir nicht mal zum Eieressen benutzt werden.
Tschüs!

Zu Neuem getrieben entstanden
die "Funken" in der Zeit
1. 5. 2023 – 31. 10. 2023
Das Ergebnis ist extra gebunden
Das Wort "Remembers" war in
meinem Sinn weil ein inneres Orakel
mich führte zu dieser Betitelung hin

Verzweiflung ist einfacher zu besiegen
wenn man ein "Lebens-Script"
    akzeptiert
Auf zu NEUEN POEMEN
nach dem März 2024

NACH DEM 31.10.2023

REMEMBER 1

AUCH DER GRÖSSTE KÜNSTLER BRAUCHT
EINEN PROTEGE
DER IHN IN DIE WELT „HINEINPUSTET"

SO WIE DIE VERIRRTE EFEURANKE
ZWISCHEN ZWEI GLASSCHEIBEN
KEINEN FRUCHTBAREN UNTERGRUND
ZUM WEITEREN WACHSTUM FINDEN KANN
SO IST AUCH DER ANTRIEB
FUNKEN DES GEISTES
IN DIE WELT ZU SCHICKEN
ZUM STILLSTAND GEKOMMEN
WEIL FÜR DIE AUTORIN ERSEHNTE
AUSTAUSCHPARTNER
IN DER GEGENWART ZU SEHR VERSTUMMEN

LEERE IST SCHMERZLICHER ALS FÜLLE

WENN IN EINEN BALLON
ZU VIEL LUFT GEFÜLLT WIRD
DANN HÖRT MAN AUF
ODER LÄSST ETWAS AB

WENN EIN BALLON OHNE LUFT –
IST ER NICHTS BESONDERES
UND WIRD NICHT BEACHTET

DIESES NICHTBEACHTETWERDEN
VON SICH SELBST
WEIL ALLE LUFT ENTWICHEN
SCHMERZT DAS ICH

LUFT MUSS VON AUSSEN IN DEN BALLON
GEFÜLLT WERDEN
DOCH WENN KEIN BEDARF
AN BESONDEREM EXISTIERT
BLEIBT AUSSEN UND INNEN FREUDLOS

AN EINEN JUNGEN FREUND:
FÜLLE DEINE SEELE GETRIEBEN DURCH
DEINE PERSÖNLICHE NEUGIER MIT ALLEM
DICH UMGEBENDEM

DU FÜLLST DAMIT LUFTRESERVETANKS
FÜR ZEITEN DIE TRIST ERSCHEINEN
UND ES ENTSTEHT KEINE BEDROHLICHE
LUFTNOT

DER ACHTSAME UMGANG MIT SICH BLEIBT
DABEI EBENSO WICHTIG
DENN SONST PLATZT DER BALLON

8.12.2023
DA ICH MEINE BEOBACHTUNGEN IN MIR
MIT NIEMAND BESPRECHEN KANN
SCHREIBE ICH ES AUF AUS MEINER SICHT:

AM 27.11.2023 NOCH SCHEINBAR ALLES
OKAY
AM NÄCHSTEN TAG BEGANN DIE ESSENS-
VERWEIGERUNG ICH WILL MICH
NICHT AN DETAILS ERINNERN:
HEUTE IST DER 8.12.2023 UND AM 7.12.2023
RUFE ICH IM ONKOLOGISCHEN ZENTRUM AN
UND BAT UM RÜCKRUF WEGEN
DES BEDROHLICHEN ZUSTANDS DASS
PATIENTIN NUR NOCH AUF DEN BEFUND
DER KNOCHENMARKPUNKTION WARTET
UND JA SOWIESO DAVON AUSGEHT DASS
NICHTS ZU MACHEN IST

VOM 28.11.2023 AN HAT SIE MIR VERBOTEN
EINEN ARZT ZU INFORMIEREN UND UM
HILFE ZU BITTEN SIE WEIGERT SICH GEGEN
JEDE NEUE UNTERSUCHUNG UND MEDIZINI-
SCHE BEHANDLUNG
AUF MEIN ARGUMENT DASS SIE MICH VER-
HAFTEN WERDEN WEIL ICH SIE VERHUN-
GERN HABE LASSEN SAGTE SIE DASS SIE ES
MIR SCHRIFTLICH GIBT
ICH AKZEPTIERE DIE PERSÖNLICHE FREIHEIT
ABSOLUT ZUMAL ICH DAS JA AUCH FÜR
MICH IN ANSPRUCH NEHME WENN ES MIR
NOCH MÖGLICH IST DEN ZEITPUNKT DES AB-
GANGS ZU BESTIMMEN
NUR DIESE INNERE SICHERHEIT LÄSST KEINE
WIRKLICHE ANGST VOR MEINEM STERBEN
AUFKOMMEN
ICH BEGLEITE MEINEN MENSCHEN IN BEST-
MÖGLICHER FORM HABE GELERNT ZUCKER
ZU MESSEN IHREN TRINKWUNSCH NACH EIS-
KALTEM ZU RESPEKTIEREN PLÖTZLICHEM
GEÄUSSERTEN APPETIT AUF ETWAS NACH-
ZUKOMMEN NACHT ZWEI BIS DREIMAL
ODER MEHR NACH IHR ZU SEHEN OB SIE
NOCH ATMET ODER HILFE BRAUCHT
MORGENS DEN ABSTIEG VON OBEN
GEMEINSAM UND ABENDS DEN AUFSTIEG
GEMEINSAM LEIDER HABE ICH EINMAL VER-
GESSEN DIE EIGENSPRITZE VON INSULIN AUF
IHRE EINSTELLUNG HIN ZU KONTROLLIEREN
UND SCHEINBAR HAT SIE DIE PUMPENEIN-
STELLUNG NOCH EINMAL GEDREHT UND ZU
VIEL GESPRITZT

EIN FÜRCHTERLICHER ZITTERANFALL
DURCH DEN GANZEN KÖRPER ÜBER LÄN-
GERE ZEIT WAR DIE FOLGE ICH HATTE
SOLCH ZITTERN NOCH NIEMALS GESEHEN
UND BEGANN NACH URSACHEN ZU SUCHEN
IN MEINEM WISSEN UND DANN IM NETZ ES
BESTÄTIGTE SICH ICH HATTE SIE DURCH
BONBON KEKS MILCH WIEDER IN DEN VOR-
HERIGEN KRANKENZUSTAND GEBRACHT
SIE WÜNSCHTE SICH EINE KARTOFFEL UND
MATJESHERINGSGFILET NACH UND NACH
HATTE SIE DAS BIS ZUM ABEND GEGESSEN
UND AUCH NICHT ERBROCHEN
HEUTE VERKÜNDETE SIE MIR BEIM
HERUNTERKOMMEN JETZT WILL ICH APFEL-
SINE UND TEE DIE APFELSINENSTÜCKCHEN
ZUTSCHTE SIE AUS DAS FLEISCH WEG
DAS BRACHTE MICH AUF DIE IDEE IM MIXER
JUICE ZUZUBEREITEN
HEUTE NACHTS UM 3 UHR BIN ICH INS
CHALET UND HABE EINE NORMAL GROSSE
ZUDECKE GEHOLT DIE GROSSE AUS IHREM
BETT 200x220 IST ZU SCHWER DA SCHAFFT
SIE ES NICHT SCHNELL GENUG ZUM EIMER
TÄGLICH EINE WASCHMASCHINE NÖTIG
WEIL DIESE GROSSE ZUDECKE SIE HINDERT
MIT DER WENIGEN KRAFT SCHNELL GENUG
AUS DER HORIZONTALE ZU KOMMEN BEI
MEINEN NACHTKONTROLLEN VERSORGE ICH
SIE MIT TROCKENER WÄSCHE
GESTERN HABE ICH DEN HÜHNERSTALL
AUSGEMISTET AN IHREM TISCH STEHT EINE

GROSSE SCHÜSSEL IN DIE SIE SPUCKEN
KANN WENN DER KÖRPER MEUTERT
ICH HABE HEUTE DAS ERSTE MAL WIEDER
NORMAL GEFRÜHSTÜCKT DENN ICH MUSS
AUF MICH ACHTEN SONST KANN ICH DIESER
SCHWEREN AUFGABE NICHT NACHKOMMEN
HABE GELERNT WIE MAN KNIEGEBINDE
ROLLT UM SIE ANZUKLEIDEN DASS MAN
SICH SEHR GEGENSTEMMEN MUSS WENN
MAN JEMAND HOCHZIEHEN WILL SONST
FALLEN BEIDE UM UND GRUNDSÄTZLICH
LIEBENDES FREUNDLICHES GESICHT ZU MA-
CHEN UND VOR ALLEM ES AUCH INNERLICH
ZU FÜHLEN! SELBST DER HUND WENDET
SICH BEI SOLCH LIEBEVOLLEN ZUWENDUN-
GEN IMMER ZU UNS UND WILL DAZWISCHEN
BIN BIS HEUTE 106 KM GELAUFEN DAS ENT-
SPRICHT 140.411 SCHRITTEN TEIL TRAINER-
RAD TEIL ARBEIT UND EINKAUF UND HUND
AUSFÜHREN NACH DREI STUNDEN LEGE ICH
PAUSE ZUM SOLITAIRESPIEL EIN UND VER-
SCHNAUFE FÜR DIE NÄCHSTE AKTION
FÜR DEN MITMENSCHEN - ALSO MICH! IST
DIESE SITUATION EINERSEITS EIN GESCHENK
DASS ICH BEGLEITEN DARF ANDERERSEITS
EINE RIESENPFLICHT DIE ICH ERFÜLLEN
MUSS ZU BETEN FÄLLT MIR SCHWER IST MIR
EIGENTLICH NICHT MEHR MÖGLICH DENN
ZU OFT MUSSTE ICH SEHR SCHWERE AUFGA-
BEN ALLEIN BEWÄLTIGEN ICH DANKE EINEM
„SCHÖPFER" FÜR MEINE „ROBUSTE" NATUR
MUSS MICH NUR SEHR BEOBACHTEN DEN
STRESS EINZUDÄMMEN DENN DIE FOLGEN

VOM DEZEMBER „2022" SIND NOCH NICHT
GANZ BESIEGT
12.15 SCHNELL BEI SELGROS FLEISCH GE-
WÜRZGURKEN UND HUND KURZ GASSI ZU-
RÜCK KRAPFEN UND GEWÜRZGURKENWAS-
SER GENIPPT DANN KALTE MILCH (ICH
HÄTTE ERBROCHEN) BETT NEU BEZOGEN
HÜHNER NEU VERSORGT FLEISCH FÜR DEN
HUND IN DEN TOPF BIN TOTAL DURCHGE-
SCHWITZT ABFALL ENTSORGT IN FLASCHEN
GLAS PAPIER UND PLASTIK OHNE RAD IM
CHALET BIS JETZT 3.000 SCHRITTE
ICH ZITTERE AM GANZEN LEIB VON DEN AN-
STRENGUNGEN GEHE JETZT INS CHALET UM
RUNTER ZU KOMMEN
13.15 10.261 SCHRITTE BIS JETZT

REMEMBER 2
9.12.2023 8.40 UHR
MEINE ERSTEN ZWEI STUNDEN HINTER MIR
KATZEN VERSORGT HÜHNERFUTTER ZU-
RECHT GEMACHT WOHNZIMMER VORBEREI-
TET KÜHLGETRÄNKE IN DEN KÜHLSCHRANK
MILCH SELTER JUICE RADLER MUSSTE ICH
SCHNELL BESORGEN BEVOR MEIN MENSCH
AUS DEM OBEREN REVIER NACH UNTEN
KOMMT ICH KAM GERADE IN DER KÜCHE AN
DA HÖRTE ICH ES RUMPELN PROMPT SASS
SIE NOCH HALB BEKLEIDET AUF DEM FUSS-
BODEN HATTE ES NICHT MEHR BIS ZUM
BETT GESCHAFFT GEMEINSAM DEN MONT
EVERESTABSTIEG ZUR TOILETTE DANN INS

WOHNZIMMER KALTE MILCH SELTER KNA-
CKIGE ÄPFEL CROISSANTS JUICE BEREIT GE-
STELLT
DIE ÜBLICHE ZUCKERMESSUNG ERGAB WIE-
DER HIGH! ALSO WIEDER MEHR ALS 10 GE-
SPRITZT NACH DER ATTACKE HATTE ICH IM-
MER NUR 6 EINGESTELLT MAL SEHEN WAS
WIRD DANN BIN ICH RAUS UND HABE EIN
VIDEO VON IHREN HÜHNERN BEIM AUSSTIEG
AUS DEM NACHTQUARTIER ZU IHREM REICH
GEDECKTEN FUTTERPLATZ GEDREHT DAS
SOGENANNTE NEUNTE HUHN DAS JA SCHON
IN DER KÜCHE EINZELPFLEGE HATTE BEKAM
EXTRA FILM
ALLES REN VORGESPIELT DAMIT SIE SIEHT
DASS ES IHNEN GUT GEHT SOLLTE IHR EINE
FREUDE SEIN 1.346 SCHRITTE WERDE JETZT
RÜBER GEHEN ODER DIE HUNDEAUSFAHRT
15.00 UHR HUNDEAUSFAHRT UND HOME-
TRAINER UND ALLE NOCH NOTWENDIGEN
AUFGABEN IM HAUS DIE 200x200 MATRATZE
MUSSTE ABGEZOGEN WERDEN DER BEZUG
IN DIE WASCHMASCHINE KÖRPERLICH FAST
NICHT ZU BEWÄLTIGEN MATRATZE UMGE-
DREHT UND OHNE BEZUG NUR MIT LAKEN
BEZOGEN DAMIT DAS NACHTLAGER WIEDER
VORBEREITET IST EBEN NOCH MAL IN DER
APOTHEKE UM HILFSSCHLÜPFER FÜR DIE
NACHTB ZU BESORGEN MEIN MENSCH
KOMMT ZWAR NOCH RAUS AUS DER
SCHLAFPOSITION DOCH EBEN NICHT KRAFT-
VOLL GENUG UM MALHEUR ZU VERMEIDEN

HABE HEUTE RINDERGEMÜSEBRÜHE DURCH
EIN SIEB GEGOSSEN UND KONNTE ZUM TRIN-
KEN VERFÜHREN DAS DICKE DAVON IST FÜR
DACAPO LEIBSPEISE ICH HABE MIR HEUTE
MAL WIEDER HÜHNERSPIESSFLEISCHBOX
GEGÖNNT DAZU TOMATE PAPRIKA ZWIEBEL
UND GURKE KLEIN GESCHNIPSELT UND MIT
EINER WEISSBROTSTULLE ALS MITTAG GE-
GESSEN DENN ZUM FRÜHSTÜCK WIEDER
NUR BAUMKUCHEN MIT DEM „STRESS"
KOMME ICH EIGENTLICH IM MOMENT GANZ
PASSABEL KLAR DARF NUR KEINE GEFÜHLE
HOCH KOMMEN LASSEN MUSS FACHMÄN-
NISCH FUNKTIONIEREN DAS IST JETZT MEINE
HERAUSFORDERUNG AN MICH DIE ZUMU-
TUNG AN DEN PARTNER IST ABER EINE SEHR
HOHE ANFORDERUNG ICH HABE DAS GE-
FÜHL DASS MEIN MENSCH NUR STÖHNT
WENN ICH IM RAUM BIN MUSS ABER NICHT
STIMMEN.

REMEMBER 3
11.12.2023 8.05 UHR
ICH BIN UM HALB SIEBEN LOSGEFAHREN UM
DIE PLÖTZLICHEN WÜNSCHE VOM 10.12. ZU
ERFÜLLEN KOPFSALAT MIT ZITRONE
MELONE BIRNEN GANZ WEICH ODER
KONSERVE IM SCHLAUEN MORGENERWA-
CHEN ZWISCHEN FÜNF UND SECHS ÜBER-
LEGT WO ICH GARANTIERT ALLES BEKOMME
ERGEBNIS SELGROS ALS ICH MEINE KARTE
AUS DER TASCHE HOLEN WILL FÜR DEN EIN-
LASS STELLE ICH FEST DASS ICH SIE NICHT

FINDEN KANN ICH ZITTERE WIE REN BEI
IHREM ZUCKERSCHOCK AN DIE ANNONCE
UND ERREICHT DASS ICH EINE NEUE BE-
KOMME ALLES GEFUNDEN NACH HAUSE
SCHNELL ALLES ZUBEREITET WIE GE-
WÜNSCHT UND DANN NACH OBEN FÜR DEN
„EVERESTABSTIEG" ANKLEIDEN RUNTER
TOILETTE GEBISS REINIGEN MUND SPÜLEN
GESICHT MIT WASSER ABGESPÜLT UND INS
WOHNZIMMER GEHIEVT DORT STAND
SCHON ALLES BEREIT LUSTBETONT STÜRZTE
SIE SICH AUF DEN SALAT UND REAGIERTE
MIT: *Iiiiih!* WAS IST DENN DAS?
ICH WÜTEND: DER SALAT MIT ZITRONE UND
ZUCKER WIE BESTELLT
SIE: DAS IST JA SALZIG! DA HATTE ICH IN
DER EILE DIE BEHÄLTER VERWECHSELT UND
IN DER HAST NICHT VORGEKOSTET ICH
HATTE EINEN ECHTEN LACHER IM BAUCH
JETZT DIE NÄCHSTE VERKOSTUNG: DA
FEHLT NOCH ZUCKER UND WASSER ALSO
NOCH MEHR ZUCKER UND WASSER UND AUF
DEN MÖGLICHEN AUSSPUCK IN DER SCHÜS-
SEL VERWIESEN.

REMEMBER 4
12.12.2023
SEIT VIER UHR IN AKTION AM TELEFON
RECHERCHIERT NACH EINZELZIMMER UM
HALB ACHT DIE ANTWORT BIS WEIHNACH-
TEN ALLES AUSGEBUCHT!! HABE VERSUCHT
ENTSCHEIDUNGSHILFSGESPRÄCH AUS HAM-
BURG ZU ERBITTEN ALLES SCHLÄFT

DAS IST EBEN DER UNTERSCHIED MICH
KANN MAN EBEN DANN ERREICHEN WENN
NOT AKUT IST DER MONTAG 11.12. VERLIEF
SO ARBEITSREICH DASS ICH DIE GANZE
NACHT TROTZ ZWEIER MAGNESIUMTABLET-
TEN KRÄMPFE HATTE ALS ICH AUF DIE BE-
FUNDSMAIL VOM OVZ HERRN KORTE WAR-
TETE DEN ER MIR AM TELEFON VERSPRO-
CHEN HATTE ZUZUSCHICKEN UND ICH
ABENDS NOCH EINE MAIL ANS OVZ (ONKO-
LOGISCHE VERSORGUNGSZENTRUM) VER-
FASST HABE WAR ICH SO KONZENTRIERT
DASS REN SICH KEINE ZWEI METER VON MIR
ENTFERNT OHNE MEIN BEMERKEN NACH
OBEN BEGEBEN HATTE ICH SUCHTE ERST
AUF DER LIEGE DANN IM ERDGESCHOSS UND
DANN FAND ICH SIE OBEN IM BETT SIE
HATTE ZITRONENWASSER MIT ZUCKER VER-
LANGT DER ZUCKERWERT IST NACH WIE
VOR HIGH DOCH SCHEINT IHRE VITA EIN WE-
NIG STÄRKER DIE ENTSCHEIDUNGSFRAGE
OB 116/117 ANRUFEN HAT SIE EBEN NOCH
VERSCHOBEN AUF SPÄTER AM TAG
ES IST NUN MAL IHRE ENTSCHEIDUNG ICH
KANN NUR WÜNSCHE ERFÜLLEN

13.12.2023 UM ACHT UHR FÜNF STAND SIE
PLÖTZLICH IM WOHNZIMMER
AM ABEND WAR DANN NOCH DER NOT-
DIENST DA, DER ABER EINEN TRANSPORT
AM NÄCHSTEN TAG DURCH MICH ORGANI-
SIERT VORSCHLUG

HABE HEUTE UM SECHS UHR BEGONNEN
MICH UM TRANSPORT ZU BEMÜHEN
SIE HATTE GESTERN IHR OKAY GEGEBEN
NACHDEM ICH GESTERN NACH IHREM
SELBST GEWÜNSCHTEN BADEN UND GEDUL-
DIGEM WARTEN VON 45 MINUTEN IN DER
WARTESCHLANGE BEIM NOTDIENST AUSGE-
HARRT HATTE, ALLES ERZÄHLT UND AUF EI-
NEN RÜCKRUF „VERTRÖSTET" WORDEN WAR
DEM ICH NOCHEINMAL ALLES ERZÄHLEN
SOLLTE WURDE ICH AUF WARTEZEIT VORBE-
REITET ABENDS UM VIERTEL NEUN KAM DER
NOTARZT ZU ZWEIT UND WIEDER CASUS BE-
SPROCHEN DER MACHTE EINE BESTANDS-
AUFNAHME UND MACHTE MIR KLAR DASS
DAS MIT EINEM NACHTTRANSPORT NICHT
GUT WÄR ZUMAL MAN DEN TRANSPORT AL-
LEIN ORGANISIEREN MÜSSE DIE FEUERWEHR
WOLLTE ICH AUF KEINEN FALL ICH HATTE
ABENDS SCHON BEIM KRANKENTRANSPORT
UM DIE ECKE ANGERUFEN HEUTE PUNKT
SECHS HATTE ICH GLÜCK UM HALB NEUN
SEHR KOMPETENTES TEAM ZU DRITT ICH OR-
GANISIERTE DASS DAS AUTO GEGENÜBER
WEGFUHR DAMIT SIE MIT DEM TRANSPOR-
TER AUF DAS ANWESEN FAHREN KONNTEN
KOFFER UND PAPIERE UND ALLES MEINER
MEINUNG NACH NOTWENDIGE WAR VORBE-
REITET UND DEM KRANKENTRANSPORT MIT-
GEGEBEN ICH HATTE MICH BEI DER LETZTEN
EINWEISUNG JA HINTER DEM KRANKEN-
TRANSPORT HINDURCHGEMOGELT INS EKH
DOCH HEUTE SUCHTE ICH ANDEREN WEG

NACH IRRFAHRT ENDLICH EINEN PARK-
PLATZ VOR DEM EINGANG GEFUNDEN DA
STAND IHR KRANKENTRANSPORT NOCH VOR
DER TÜR UND SIE HATTEN SIE GERADE „AB-
GELIEFERT" ICH REIN ZUM EMPFANG AUF
DREI STUNDEN SPÄTER VERTRÖSTET UM AN-
ZURUFEN UM HALB ZWEI ANGERUFEN
NOCHMAL AUF ZWEI BIS DREI STUNDEN
VERTRÖSTET DER KRANKENTRANSPORTBE-
GLEITER (SCHEINBAR EIN ARZT) ERKLÄRTE
MIR DRAUSSEN DASS DER FALL KAUM NOCH
ZU HAUSE ZU BEWÄLTIGEN SEIN WIRD
ICH WERDE AUF JEDEN MÖGLICHEN FALL
VERSUCHEN IHREN WÜNSCHEN ZU ENTSPRE-
CHEN AUCH WENN SIE NUR ZUM STERBEN
NACH HAUSE WILL.

REMEMBER 5
14.12.2023 ALS ICH SIE UM 18.15 UHR BE-
SUCHTE SAH ICH EINE KAUENDE REN:
ICH MUSS ESSEN LERNEN! EIN ROLLATOR
NEBEN IHREM BETT MIT DEM SIE SCHEINBAR
ALLEIN AUF DIE TOILETTE GEHT: DEN KOF-
FER DURFTE ICH NOCH NICHT AUSPACKEN
SIE FAND ES LIEB DASS ICH SIE BESUCHEN
KAM IHRE VITA SCHEINT SCHON BESSER SIE
HATTE WAHRSCHEINLICH VON FRÜH
10.00UHR AN SCHON EINIGE UNTERSUCHUN-
GEN UND ENTSPRECHENDE MEDIKAMENTE
BEKOMMEN DIE FIEBERFLECKEN VON DEN
WANGEN WAREN WEG MIR FIEL EIN STEIN
VOM HERZEN DASS SIE SEHR GUT IN EINEM

ZWEIBETTZIMMER MIT EINER GLEICHALTRI-
GEN AUCH ZUCKERKRANKEN UNTERGE-
BRACHT IST: IN MEINEM BEISEIN BEKAM SIE
ZWEIERLEI INFUSIONEN GLEICHZEITIG
DAS ESSEN STAND AUF DEM BEISTELLREGAL
AM BETT UND SIE HAT SOGAR EI GEGESSEN
ICH: ZU HAUSE HAST DU JA KEINE HÜHNER!
SIE FRAGTE WO SIE DENN SEI UND WIE ICH
DAS DENN GEFUNDEN HABE ICH: DER HUND
HAT SCHON SEIN FLEISCH BEKOMMEN DAS
FRAGTE SIE ZU HAUSE TÄGLICH UND ICH
WAR SCHON EINE STUNDE MIT IHM
SPAZIEREN DA HAT ER SICH GEFREUT WAR
IHRE REAKTION ÜBRIGENS HIELT DIE
SCHWESTER MICH WIEDER FÜR IHRE TOCH-
TER ICH DARAUF: IHRE PARTNERIN SEIT 42
JAHREN STUMMES VERBLÜFFEN IST MIR AL-
LES SO SCHEISSEGAL ICH VERSUCHE MICH
ZU DISZIPLINIEREN ZU ESSEN TEMPI HERUN-
TERZUFAHREN UND SEI ES EIN EINKAUFSGE-
SCHEHEN UND HABE SCHEINBAR BLASEN-
MÄSSIG ERFOLG NUR DAS HERZ HAT GES-
TERN ABEND GEMUCKERT
WENN MICH LEERLAUF ERWISCHT BEGINNE
ICH ZU DENKEN WAS ZU TUN IST DANN MA-
CHE ICH MICH RUHIG UND SCHEINBAR GE-
LASSEN AN DIE ARBEIT ES IST NOCH GENUG
DA HABE WASCHMASCHINE ANGEWORFEN
FÜR MORGEN SCHON EINMAL HÜHNERFUT-
TER VORBEREITET DIE KATZEN VERSORGT
MICH MIT SLOWLY GEPRÜGELT ER MIAUT
MICH AN DASS ICH IHN GREIFEN SOLL DA-
MIT ICH SEINE AUGEN BEHANDELN SOLL

SCHEINBAR HAT ER SICH ABER WIEDER GE-
PRÜGELT UND DANN MUSS ICH WILD
ENTSCHLOSSEN ZUPACKEN UND DANACH
WIRD ER LAMMFROMM UND LÄSST SICH
LIEBKOSEN
DA CAPO IST DURCHEINANDER ER BLEIBT
MITTEN AUF DER TREPPE NACH OBEN STE-
HEN SCHAUT MICH AN NIMMT NICHT MAL
GELIEBTE LECKERLI WÄHREND MEINES
FRÜHSTÜCKS HATTE IN DER NACHT DIE ZWI-
SCHENTÜR ZU RENS KULTURKABINETT MIT
GEWALT AUFGESTOSSEN UND LAUERT JETZT
NUR AUF DAS RAUSFAHREN WENN ER MICH
SO SUCHEND ANSIEHT KOMMEN MIR TRÄ-
NEN DENN DA HILFT KEIN FOLGENKRITISCH
HANDELNDES DENKEN DA BEGREIFE ICH IM-
MER DEN ERNST DER LAGE
VON 15.00 BIS 18.00 UHR STÖRT ES DEN AB-
LAUF AUF DER STATION AM WENIGSTEN DA-
RAN WERDE ICH MICH HALTEN
ÜBRIGENS ESSE ICH NUR MIT DEM VER-
NUNFTSKOPF SCHON NACH KLEINSTER
MENGE FÜHLE ICH MICH SATT SOGAR MAR-
ZIPAN VERFÜHRT MICH NICHT ZU MEHR

REMEMBER 6
15.12.2023 11.20 UHR
UM HALB SECHS IN DIE BADEWANNE DAMIT
ICH TROCKNE WENN ICH RAUS MUSS IN DER
WARTEZEIT DANN SOGAR FRÜHSTÜCK FÜR
MICH GEMACHT UND IM WOHNZIMMER GE-
SPEIST UM ACHT UHR DANN ZU DEN HÜH-
NERN UND KATZEN UND UM HALB NEUN MIT

DEM HUND LOSGEFAHREN UM HALB ZEHN
ZUM KEH – EINE FARCE
EINE DIABETIKERBERATERIN IMSGESAMT
BIS ELF UHR MIT MIR DIE UMSTELLUNG DES
INSULINS BESPROCHEN ES INTERESSIERT
MICH DOCH NICHT WAS SIE WIE MACHEN SIE
SOLLEN ES NUR HINKRIEGEN JEDENFALLS
HATTE ICH SCHON VOR DEM TERMIN EINEN
BEUTEL ABGEGEBEN MIT EINEM NEUEN
HEMD UND JOGHURT UND MILCH NACH DEM
GESPRÄCH MIT EINEM PFLEGER „GEFLIRTET"
UND NOCH MAL SCHNELL REIN GEHUSCHT
APATHISCH KALT JEDENFALLS AM JOGHURT
HATTE SIE SCHON GESCHLECKT ICH HABE
IHR NOCH EIN LÖFFELCHEN GEGEBEN UND
DANN WOLLTE ICH DAS NEUE HEMD IHR
ÜBERZIEHEN DA SIE ABER AM TROPF HING
BEKAM ICH DEN EINEN ARM JA NICHT HER-
AUS ALSO WOLLTE ICH DAS HEMD ZERREIS-
SEN EIN WILDES „TIER" GRIFF MICH AN
DAS WAR DIE VITA DIE DA IST WENN MAN
WAS SIE LIEBT KAPUTT MACHEN WILL SO
HABE ICH EBEN NUR ÜBER DEN KOPF UND
DEN EINEN ARM NEU BEKLEIDET UND DEN
ALTEN DRIN GELASSEN DIE SCHWESTERN
WERDEN SIE DANN SCHON NOCH ZU ENDE
KLEIDEN JETZT IST ES ZWÖLF UHR ICH GEHE
JETZT HÜHNERFUTTER VORBEREITEN FÜR
ZWEI BIS DREI FÜTTERUNGEN UND EIN WE-
NIG AUF DEN HEIMTRAINER UM AUS DEM
AUSSENSTRESS AUSZUSTEIGEN HABE BIS
JETZT SCHON WIEDER 4.250 SCHRITTE DEN
ZETTEL DEN DIE TUSSI MIR AUSGEDRUCKT

HAT IST EIN WITZ FÜR PATIENTEN DIE 25
JAHRE ZUCKER HABEN VOR ALLEM WOLLTE
SIE MIR BINSENFRAGEN STELLEN WAS MA-
CHEN SIE WENN ... AN DER FRAGE – IST SIE
RENTNER – IST SCHON ABLESBAR WIE WE-
NIG SIE DABEI SIND; REN IST 85 JAHRE!

14.40 UHR FÜR ZWEI TAGE FUTTER VORBE-
REITET MIR POMMES IN DER MIKROWELLE
WARM GEMACHT (NICHT MAL DER HUND
FRISST DIE)
MICH MAL SCHNELL ZUR ENTSPANNUNG
MAL AUSGEZOGEN JETZT WIEDER IN AUF-
BRUCHSTIMMUNG INS KRANKENHAUS DER
WUTAUSBRUCH WAR RECHT THERAPEU-
TISCH FÜR MICH DENN ZU HAUSE HÄTTE ICH
NE SCHERE GENOMMEN UND DEN ÄRMEL
AUFGESCHNITTEN DANN HÄTTE SIE MICH
VERPRÜGELT!
ALSO ZWEI SO STARKE IN KRISENPHASEN-
SIND FÜREINANDER GEFÄHRLICH WEIL SIE
ES NICHT ZULASSEN WAS SIE NICHT EINSE-
HEN MEINE STRESSSCHWÄCHE MELDET SICH
ZWAR DOCH VERSUCHE ICH TAPFER DAGE-
GEN ANZUKÄMPFEN

REMEMBER 7
16.12.2023 9.40 UHR
ERST UM 8:00 UHR AUFGESTANDEN DANN
KATZEN HÜHNER MENSCH BEKÖSTIGT IN
DER FRÜHE SCHON E-MAIL AN STATION MIT
DER BITTE ZUM ARZTGESPRÄCH: JETZT 8
KILO FLEISCH IN SCHEIBEN DANN IN TÜTEN

UND IN DEN KÜHLSCHRANK VERFRACHTET
JETZT RUHE ICH MICH 20 MINUTEN AUS UND
DANN FAHRE ICH MIT DEM HUND RAUS
(MUSS DIE FLASCHEN MITNEHMEN)

17.12.2023 11.30 UHR
BIN UM HALB SIEBEN AUF DANN KLEINE
HANDGRIFFE DANACH GEFRÜHSTÜCKT UND
UM ACHT UHR ALS ES HELLER WURDE KAT-
ZEN UND HÜHNER VERSORGT
UM HALB 9 NACH DAHMSDORF LOSGEFAH-
REN UM HEU UND STROH ZU ORGANISIEREN
FÜR DEN HÜHNERSTALL

18.12.2023
SEIT VIER UHR WACH KEIN SCHLAF MEHR
MÖGLICH GESTERN BEIM BESUCH IM KRAN-
KENHAUS BEMERKT DASS DIE FUSSGELENKE
GESCHWOLLEN UND AUCH DIE HÄNDE ZU
VIEL FLÜSSIGKEIT ALSO HABE ICH LYMPH-
DRAINAGE GEMACHT UND ERFOLG BE-
MERKT: SIE WAR NASS ALSO UMGEZOGEN
UND BEIM WEGGEHEN DEM PFLEGEPERSO-
NAL BESCHEID GEGEBEN, DASS SIE EINLA-
GEN BRAUCHT SIE WAR SCHLECHTER DRAUF
ALS AM TAG ZUVOR DASS ALLES IN SINUS-
KURVEN VERLÄUFT WEISS ICH DESHALB
WAR ICH NICHT SO ENTSETZT HATTE IN EI-
NEM SPEZIALBEHÄLTER EISKALTE MILCH
UND MANGOLASSI SOWIE ÄPFEL UND ZWEI
JOGHURT MITGENOMMEN IHRE STÄNDIGE
AUSSAGE: HABE DURST – WIE EINE FALSCH-
VERKNÜPFUNG IM GEHIRN

ÜBRIGENS HABE ICH AUCH IN DER LINKEN
GESICHTSHÄLFTE ZUCKEN GESEHEN WOBEI
DER RECHTE KNÖCHEL DICKER ALS DER
LINKE) VIELLEICHT DIE BALKENKREUZUNG
IM GEHIRN) HEUTE UM 8.00 UHR KANN ICH
ERST ANRUFEN UM ARZTSPRECHTERMIN ZU
BEKOMMEN
8.00UHR ICH BEKOMME EINEN HEULKRAMPF
WEIL ICH SO TOTAL ZUM NICHTSTUN VER-
DONNERT BIN DIE BITTE UM EIN ARZTGE-
SPRÄCH UM 8:00 UHR PER TELEFON ZU VER-
EINBAREN LANDETE WIEDER IN EINEM WAR-
TEAPPELL – WEIL HEUTE FUSSKONTROLLE
DRAN SEI MAN WÜRDE ZETTEL HINLEGEN
UND NUR WENN ES NICHT KLAPPT TELEFO-
NISCHER RÜCKRUF DIE ZEIT VON VIER BIS
ACHT IM WARTEN UND AB SECHS UHR
DREISSIG IN PUREM ACTIONISMUS VER-
BRACHT HEUTE VERANTWORTLICH HERR
DR. HEINITZ
9.00UHR HÜHNERSTALL ENTMISTET LAUB-
STREU ZWEI KISTEN REIN UND KORB
ZUM EIERLEGEN DEN MIST AUS DEM AUS-
SENGEHEGE LASSE ICH NICHT LIEGEN
FRAU BECKER WERDE ICH UM AUFRÄUMEN
BITTEN

REMEMBER 8
19.12.23
ICH BEGINNE MICH UM MEINE GESUNDHEIT
ZU KÜMMERN ODER ZU ERFORSCHEN
GESTERN DAS ARZTGESPRÄCH ERGAB

DASS MEIN SCHRIFTLICHER HINWEIS ÜBER
DIE GESCHWOLLENEN HÄNDE UND GELENKE
ZUM HINSEHEN GEFÜHRT HATTEN SIE HAT-
TEN REN ZU SEHR MIT FLÜSSIGKEIT „ABGE-
FÜLLT" MEINE LYMPHDRAINAGE ZEIGET JA
SCHON AM VORTAG ERGEBNIS NUN DENKEN
SIE AN HERZ DOCH HERZ UND LUNGE WA-
REN IMMER OKAY SIE WOLLEN IHR NOCH
ZWEI BLUTKONSERVEN GEBEN DURCHSCHE-
CKEN UND EVENTUELL AM DONNERSTAG
NACH HAUSE LASSEN MEINE GEDANKEN
KREISEN UM IHRE MUSKELATROPHIE DIE SIE
DURCH DIE DREI WOCHEN LIEGEN
ENTWICKELT HAT
28.11. BIS? VIELLEICHT SOLLTE SIE ERST MAL
IM CHALET SEIN DORT IST ALLES EBENER-
DIG UND OHNE STUFEN HEIZEN KANN ICH
ALLES UND BETTEN SIND AUCH IN JEDEM
RAUM ES WÄR JEDENFALLS EINFACHER FÜR
ALLE VOR ALLEM AUCH FÜR MICH DOCH OB
ICH REN SO WEIT BEEINFLUSSEN KANN
WEISS ICH NICHT JEDENFALLS HABE ICH
HEUTE FRÜH NACH RECHERCHE ERST MAL
VITAMIN B12 FÜR MICH SELBST EINGENOM-
MEN ALS WRACK KANN ICH AUCH NICHT
FÜR ANDERE DA SEIN 10.00 UHR NOCH FÜNF
STUNDEN WARTEN NICHT NUR AUF BEGEG-
NUNG NEIN AUCH AUF EVENTUELLEN BE-
FUNDE HABE GESITTET GEFRÜHSTÜCKT
10.000 SCHRITTE AM HEIMTRAINER HÜHNER
UND KATZENVERSORGUNG ERLEDIGT UND
STEHE VOR EINEM LOCH

DER HUND WILL RAUS ICH MÖCHTE MICH
NOCH EIN WENIG AUSRUHEN ZUM LESEN
FEHLT MIR DIE INNERE RUHE
NACHMITTAGS BIS 14.45 UHR ROUTIERT
KRANKENHAUS IN MEINEM BEISEIN BLUT-
KONSERVEN BEGONNEN UM VIERTEL FÜNF
BIN ICH LOS AM ABEND NOCH INFO FÜR FUT-
TER SEI DA ICH ANTWORTE BIN UM HALB
NEUN DA – DIE INFORMANTIN (TIERÄRZTIN)
HATTE TATSÄCHLICH NOCH ABENDS VER-
MUTET DIE FAHRT NACH 15 STUNDEN ROU-
TIEREN OHNE PAUSE WAR MIR IM DUNKLEN
UND REGEN VIEL ZU GEFÄHRLICH
20.12.23
AB VIER UHR KREISEN DIE GEDANKEN KANN
NICHT MEHR SCHLAFEN UM FÜNF ENT-
SCHLIESSE ICH MICH ZU BADEN DENN ICH
MUSS NOCH TROCKNEN BIS HALB ACHT
ALSO DANN UM HALB SIEBEN AUS DEM BETT
UND KATZEN HÜHNER UND MENSCH VER-
SORGT UM DREI VIERTEL ACHT LOS UND
JETZT UM 10.30 UHR FERTIG MIT EINLADEN
AUSLADEN ORDNEN UND RATTENSICHER
UNTERGEBRACHT JETZT BIN ICH KÖRPER-
LICH SEHR AUSGEPOWERT UND DER HUND
SCHAUT MICH SCHON VORWURFSVOLL AN
DOCH DER MUSS NOCH EIN WENIG WARTEN
EINE TONNE VOLLER SCHRIBBEN UND DAZU
NOCH KOHLRÜBEN ECT UND EIN BROTSACK
ZUM SOFORT WEIL ICH KEINE FACHGE-
RECHTE AUFBEWAHRUNG HABE
BEI FRAU DR. (TIERÄRZTIN) IST IN IHR AUS-
GEBAUTES ZWEITES HAUS EINGEBROCHEN

WORDEN DIE POLIZEI STAND SCHON VOR
DER TÜR ICH WURDE NOCH KURZ VON IHR
GETRÖSTET UND DANN BIN ICH EBEN NACH
HAUSE ICH MUSS HEUTE NOCH DAS WOHN-
ZIMMER KORRIDOR UND BAD SÄUBERN
DOCH JETZT MUSS ICH MICH ERST MAL ER-
HOLEN
PS: ÜBRIGENS HABE ICH MICH FRÜH GEWO-
GEN 65,9 KG DIE HOSE VERLIERE ICH SCHON
WEGEN „MANGEL" AN ARSCH

REMEMBER 9
21.12.2023
EIN NEUER TAG KEINE HEKTIK - TERMIN
GESTERN NOCH DEN SCHWESTERN DEN HIN-
WEIS AUF DIE BEHANDELNDEN ÄRZTE
GEGEBEN - WEGEN DER ARZTBRIEFE
DR. HEINITZ IN 3 /18.12.23/ 15.15 UHR
GESPRÄCH KAM VON IHM DIE FRAGE:
„WIE HABEN SIE DAS HINBEKOMMEN?"
(VON 6 HB AUF 9,6 HB WERT ZU HAUSE)
„EISENTABLETTEN!" ER FRAGTE NACH
MEDIZINISCHER AUSBILDUNG JEDENFALLS
HATTE ICH IHM KLAR GEMACHT DASS SIE
BISHER GESUNDE LUNGE UND GESUNDES
HERZ – EBEN ECHTE BAUERSFRAU! HATTE
DIE WASSERANSAMMLUNG IN DEN FUSSGE-
LENKEN UND HÄNDEN WAR VON ZU VIEL
ELEKTROLYTINFUSIONEN GEKOMMEN
„HABEN WIR ABGESETZT" ICH MUSSTE
DURCH ZETTEL AUF DEM NACHTTISCH ERST
DARAUF AUFMERKSAM MACHEN

SIE BEGRÜSSTE MICH AM 18.12.23 MIT DER
BEMERKUNG: DIE KLAPPE LASSE ICH MIR
MIT DEN DREI PUNKTEN REPARIEREN
(ICH DENKE DA HAT JEMAND MIT IHR ÜBER
MINIINVASIVE OP GESPROCHEN) NICHT MIT
AUFSCHNEIDEN! WAS HABEN DA DIE ÄRZTE
WOHL WIEDER AM KRANKENBETT
GELABERT OHNE AN DEN PANISCHEN ZU-
HÖHRERPATIENTEN ZU DENKEN GENAUSO
WIE BEIM LETZTEN KRANKENHAUSAUFENT-
HALT DA HATTE DAS WORT „LEUKÄMIE"
SICH FESTGESETZT: WAS DER ONKOLOGE
IHR EINDEUTIG MIT RECHNERLABORBILD
ENTKRÄFTET HATTE GANZHEITLICHE VER-
ANTWORTUNG IST NICHT MEHR VORHAN-
DEN!
SCHLÜSSELLOCHDIAGNOSE IN BEIDE RICH-
TUNGEN SOWOHL IM ERKENNEN ALS AUCH
IN BEHANDELN

REMEMBER 10
22.12.23
BIN UM SIEBEN UHR AUFGESTANDEN
UM ALLE VORBEREITUNGEN FÜR DIE HEIM-
KEHR VON REN ZU TREFFEN NACHDEM IM
HAUS ALLES FERTIG DIE KATZEN UND
HÜHNER VERSORGT WAREN BIN ICH UM
HALB NEUN AUF DEN TRAINER UM VON
DORT GENAU ZU SEHEN WANN DER KRAN-
KENTRANSPORT KOMMT AB HALB ZEHN DIE
ERWARTETE ANKUNFTSZEIT SCHIEN DIE
SONNE SO INS ZIMMER IM CHALET DASS ICH
NICHTS SEHEN KONNTE ALSO HABE ICH DAS

TRAINIERRAD WOANDERS HINGESTELLT
DOCH HALF DAS WENIG MEINER UNGEDULD
AB DREI VIERTEL ZEHN BIN ICH RAUS UND
DRAUSSEN AUF UND ABMARSCHIERT BIS ICH
MEINE ERSTEN 10.000 SCHRITTE ERLEDIGT
HATTE UM HALB ZWÖLF WURDE ES MIR ZU
BUNT IMMERHIN HATTE ICH GESTERN ZWEI
ANRUFE BEKOMMEN DASS SIE HEUTE ENT-
LASSEN WIRD ALSO ANFRAGE OB ETWAS
DAZWISCHEN GEKOMMEN ANTWORT:"JA"
KURZE ZEIT SPÄTER RIEF ICH WIEDER AN
UND WOLLTE WISSEN WAS DER GRUND SEI
ICH WOLLTE MIT DEM ARZT SPRECHEN
ER ERKLÄRTE DIE SCHWANKUNGEN IM
ZUCKERSPIEGEL SEIEN DER GRUND
DIE VITALPARAMETER HÄTTEN SICH ABER
SEHR GEBESSERT SIE WOLLEN MORGEN
NOCH ABWARTEN DOCH AUCH FÜR MORGEN
GÄBE ES KEINE GARANTIE ICH FRAGTE
NOCH NACH DEN ÄRZTEN DIE MORGEN VER-
ANTWORTLICH SEIEN ER NANNTE MIR DEN
OBERARZT DR. KEIL UND EINEN ANDEREN
DER FÜR DIE STATION ZUSTÄNDIG SEI GE-
GEN 14.00 UHR ERHIELT ICH ANRUF NACH
NEUER MESSUNG UND DEM DRINGENDEN
WUNSCH DER PATIENTIN NACH HAUSE ZU
WOLLEN WÜRDEN SIE SIE HEUTE NOCH ENT-
LASSEN ICH HATTE DAS AUTO SCHON AUF
DER STRASSE STEHEN LASSEN DENN ICH
WOLLTE JA UM 15.00 UHR ZUR BESUCHSZEIT
NUR NOCH ETWAS DRIN HOLEN DA KAM DER
ANRUF ICH HABE MICH TIERISCH GEFREUT
WAR NATÜRLICH EINVERSTANDEN

REMEMBER 11

23.12.23

ICH MUSS MIR SELBSTMITLEID VERORDNEN
MUSS WEINEN ZULASSEN WENN ICH UNGE-
RECHT ALS GEMEIN UND HINTERHÄLTIG
BESCHIMPFT WERDE WEIL ICH IHRE SCHRIB-
BEN NICHT SO BEHANDLE WIE SIE SICH DAS
VORSTELLT DASS ICH DIE ZEITUNGEN AUS
DEM KRANKENHAUS NICHT MIT NACH
HAUSE WOLLTE WIRFT SIE MIR AUCH ALS
GEMEIN VOR. DAMALS BEI IHRER MUTTER
DIE DER SOHN UND DIE SCHWIEGERTOCH-
TER IN DER LETZTEN ZEIT BEI SICH ZU
HAUSE HATTEN HABE ICH SIE SO RATIONAL
VERNÜNFTIG DEN PFLEGENDEN ERKLÄRT
DASS DER KRANKE NICHT VERNÜNFTIG REA-
GIERT IHNEN ZUR NACHSICHT UND EMOTIO-
NALEN UNEMPFINDLICHKEIT VERHOLFEN
WER HILFT MIR?
SIE IST NOCH NEN ZAHN SCHÄRFER ALS IHRE
MUTTER WEIL SIE EBEN AUCH EIN GANZ
STARKES ICH UND EISERNEN WILLEN IHR LE-
BENLANG AUSPROBIERT HAT
15.50 UHR PAUSE VON DEM RUNDUMJOB
HABE GERADE GANZKÖRPERLICH BEHAN-
DELT PODOLOGE DANN GECREMT DANN RÜ-
CKEN MIT KLOSTERFRAU BRUST UND RÜ-
CKEN MIT VICVAPORUM MITTAGSMAHL
BUCHSTABENSÜPPCHEN MIT EI UND BUTTER
DRIN WEISSBROTSCHEIBCHEN MIT BUTTER-
MARMELADE UND HONIG FÜR UM 17.00 UHR
BESTELLT
INZWISCHEN MEINE 10.000 SCHRITTE

FERTIG HÜHNERFUTTER VORBEREITET
MICH MIT REN GEZANKT WEIL SIE ALLES
BESSER WEISS BÖSE BESCHIMPFUNG WEG-
GESTECKT
FREUND UM RETOURE GEBETEN WAS MAN
GEGEN DIE EMOTIONALE ERSCHÜTTERUNG
BEI BESCHIMPFUNG DURCH DEN ZU
VERSORGENDEN TUN KANN ANTWORT: VER-
ZEIHEN UND NICHTS ERWARTEN ICH DA-
RAUF VERZEIHEN KANN MAN NUR SCHULD
UND ERWARTUNGEN HABE ICH KEINE
SEIN SOHN HAT EINE AUFZEICHNUNG GE-
SCHICKT IN DER ICH MICH IN MODERNER
SPRACHE WIEDERFINDE DIESE INDIREKTE
PRÄGUNG ÜBER DEN SEIT 42 JAHREN „MIT-
GEPRÄGTEN VATER" HAT WIRKLICH STATT-
GEFUNDEN
MEIN FERNSEHER IM CHALET HAT NACH
DEM UM HILFE BETTELN WIEDER DIE RICH-
TIGE SATTELITENRICHTUNG FRANK HABE
ICH UNTER DEM SIEGEL DER VERSCHWIE-
GENHEIT DIE WIRKLICHE DIAGNOSE
MITGETEILT ER WAR LIEB! ICH SCHWITZE
MICH ZU TODE WERDE JETZT DIE HEIZUNG
ABDREHEN UND NACH DEN HÜHNERN SE-
HEN UND ZUMACHEN DIE YIN KATZE FOLGT
SCHON AUFS WORT WIE EIN HUND SIE IST ZU
SÜSS BIN ALLE
ICH ZÄHLE MAL AUF: MASSEUR PODOLOGE
HÜHNERFUTTERBEREITER ERNÄHRUNGSEX-
PERTE ERKÄLTUNGSBEHANDLER

SCHLIESSER MUSKELTRAINER DURCH
SELBSTBEDIENUNGSZWANG KATZENVER-
SORGER WÄSCHEWASCHER PUTZFRAU KOCH
ABWÄSCHER EINKÄUFER HUNDETRAINER
STREICHLER DER LIEBESBEDÜRFTIGEN
MANAGER DER ÄRZTLICHEN
ZUSAMMENARBEIT

REMEMBER 12
26.12.2023
BIN UM HALB SIEBEN AUFGESTANDEN HABE
ALLE VORBEREITUNGEN FÜR DAS FRÜH-
STÜCK UND DAS AUFSTEHEN VON REN VOR-
BEREITET DIE ZWISCHENTÜR HATTE ICH
HEUTE DAS ERSTE MAL DIE GANZE NACHT
ZU MIR IST ZWAR NICHT WOHL MIT DIESER
UNGEWISSHEIT WAS AUF DER EBENE PAS-
SIERT DOCH MUSS ICH LERNEN LOSZULAS-
SEN HEUTE BEIM FRÜHSTÜCK HAT MICH
MEINE HILFLOSIGKEIT WIEDER SO EINGE-
HOLT DASS SICH MEIN MAGEN VERSCHLOS-
SEN UND ICH NICHT WEITER FRÜHSTÜCKEN
KONNTE REN KLAGT ÜBER WAHNSINNIGEN
DURST NACH EISKALTER MILCH FAST EIN LI-
TER SO DASS DER MAGEN GEFÜLLT WAR
UND SIE NICHTS MEHR ESSEN KONNTE DA
DER ZUCKERWERT RECHT ORDENTLICH WAR
KANN DAS NICHT DIE URSACHE SEIN ICH
NEHME AN DASS EINE TRAUMATISCHE
KINDHEITSERINNERUNG AUS ERLEBTEM
HUNGER SICH MELDET UND VIELLEICHT
MILCH DAS ERSTE WAR WAS DIE KÖRPEROR-
GANE WIEDER IN EINEN NORMALZUSTAND

VERSETZT HATTE DIE SCHALTUNGEN DER
SYNAPSEN SIND MEINER MEINUNG NACH
NICHT MEHR IN JEDEM ZEITMOMENT KOR-
REKT ABRUFBAR ICH WILL JA KEINEN
WUNSCH VERWEHREN DOCH GEGEN MEINE
VERNUNFT ETWAS ZUZULASSEN VERLANGT
SEHR GROSSE LIEBE MIT DEM PREIS
DER SELBSTZERSTÖRERISCHSTEN ESSFOLGE
IN MEINEM EIGENEN LEIB DIE SCHADENSBE-
FÜRCHTUNG FÜR IHREN KÖRPER WIRKT
SICH AUF SEINE WEISE IN MEINEM AUS
GEDANKEN ZUR KULTUR
VON WEIHNACHTEN:
IM TIERREICH GIBT ES ARTEN DIE LEBENS-
LANG IM FAMILIENVERBAND
BLEIBEN FALSCH - IN IHRER ZWEIERBEZIE-
HUNG BLEIBEN DIESE FAMILIENÜBERBETO-
NUNG ÜBER MEHRERE GENERATIONEN
SCHEINT NUR BEI DEN MENSCHEN DURCH
RELIGIONEN FAVORISIERT
WORDEN ZU SEIN IN DEM MOMENT WO EINE
EIGENE FAMILIE GEGRÜNDET WIRD IST DIE
AUFZUCHT DES NACHWUCHSES DAS
WICHTIGSTE BEI DEN MENSCHEN WIRD EINE
FAMILIENVERPFLICHTUNG BIS IN MEHRERE
GENERATIONEN VERLANGT ICH HABE OFT
DARÜBER NACHGEDACHT WARUM ZUM
WEIHNACHTSFEST SO VIELE FAMILIENDRA-
MEN PASSIEREN UND SO VIEL SUIZIDE GE-
SCHEHEN EINE NATURFEINDLICHE
KULTURANFORDERUNG IST DARAN SCHULD
DENN DER MENSCH IST FÄHIG AUTONOM ZU
EXISTIEREN MIT UND OHNE FAMILIE SICH ZU

ENTWICKELN UND SEINER ICH AUSSTAT-
TUNG ZU ENTSPRECHEN
MANCHE BLEIBEN ABER IN DER UNFERTIG-
KEIT EINER ICH ENTWICKLUNG
STECKEN UND BLEIBEN EWIG AUF EIN DU
ANGEWIESEN UND DAMIT AUF DIE FAMILIE
WENN SIE KEIN WIRKLICHES DU IM LEBEN
GEFUNDEN HABEN BEGEGNEN SICH ZWEI
ICH DANN IST EIN GEGENÜBER AUF AUGEN-
HÖHE MÖGLICH DAS DIE URFAMILIE VER-
GESSEN KANN WEIL DIE AUTARKIE DEN SIEG
ERLANGT

REMEMBER 13
28.12.2023 17.45 UHR
GENAU ANGEKÜNDIGT ROLLT EIN AUTO
AUFS ANWESEN ICH FREUE MICH AUF LIEBE
BEGEGNUNG IN EINER PERSÖNLICHEN SEHR
DUNKLEN PHASE IM GESPRÄCH BEIM ESSEN
ERLEBE ICH DAS WIRKLICHE LEBEN AUS EI-
NER ANDEREN SEELE WIE KLEIN WERDEN
DA EIGENE SORGEN DIE MAN EH NICHT
MEHR ÄNDERN KANN MIT AKTIVEN SITUATI-
ONEN DIE NOCH ZU BEEINFLUSSEN SIND
DOCH DEM GEGENÜBER SOLCHE VARIANTEN
ZU ÖFFNEN VERLANGT VIEL LIEBE
EHRLICHKEIT UNGESCHONTE OFFENHEIT
UND AUCH DAS RISIKO VOM ANDEREN VER-
ACHTET ZU WERDEN WEIL IN SEINER SEELE
DER BODEN FÜR SOLCHEN SAMEN NOCH
NICHT REIF OBWOHL SCHON AUS SEELI-
SCHER EINSAMKEIT DER HUNGERTOD

DROHT WELTEN MIT ENORMEN ANDEREN
GENESEN ERÖFFNEN SICH
VULKANISCHES UMLAND UND TROCKENE
WÜSTEN ZEUGEN VON ANDEREN URSPRÜN-
GEN SOLCHE WELTEN ZU EINEN VERLANGT
IMMER DIE „VERWALTIGUNG" EINES ISTZU-
STANDES DIE ZUKUNFTSTRÄCHTIGE NOCH
FRÜCHTE VERHEISSENDE LANDSCHAFT
MUSS SIEGEN SONST VERÖDEN BEIDE
BLEIBT EURE LANDSCHAFT UNZUGÄNGLICH
DURCH INNERE BARRIEREN DIE AUS
NICHTVERARBEITUNG VON VERGANGEN-
HEIT HERRÜHRT STERBEN BEIDE DENN
AUCH VULKANISCHER GRUND BEDARF DER
BEBAUUNG DAZU IST DIE ENERGIE DES ZU-
KUNFTSWILLEN NOTWENDIG

REMEMBER 14
31.12.2023
HEUTE UM SIEBEN UHR HÖRTE ICH ES RUM-
PELN IM FLUR DAS WAR NICHT NUR DER
HUND REN WAR SCHON AM RUNTERKRA-
XELN ICH HATTE BEI MEINEN FRÜHEREN
AUSFLÜGEN ZUR TOILETTE SCHON
DIE HEIZUNGEN ANGEDREHT UND UM 8.00
UHR WAR DAS FRÜHSTÜCK SCHON BEENDET
WIEDER MIT DEN DREI GROSSEN
TASSEN EISKALTER MILCH UND DANN NA-
TÜRLICH KEINEN PLATZT FÜR
DAS AUFGEBACKENE SCHRIBBCHEN IM MA-
GEN SIE HAT ABSOLUTE ABWEHR GEGEN
WURST UND FLEISCH AUCH DER MILCHCAFE
HAT KAUM ANZIEHUNGSKRAFT

GESTERN EINE GANZKÖRPER EINREIBEAK-
TION (ICH BIN KEIN PHYSIOTHERAPEUT UND
DANACH VÖLLIG ALLE) ICH HATTE ES VER-
SPROCHEN WENN SIE NOCH MAL MIT MIR IM
HOF AUF UND AB GEHT: ALLEIN WAR SIE
NUR EINMAL UMS HAUS ICH ERINNERE MICH
NICHT MEHR DER AUSREDE
DIE KÖRPEREMPFINDUNGEN SIND ALLE
WEIT ÜBER 100 PROZENT DENN BERÜHRUN-
GEN DURCH AUSSEN SCHEINEN ZU SCHMER-
ZEN (HÖCHSTER KÖRPERSELBSTSCHUTZ) SIE
VERSUCHT RÄTSEL ZU LESEN
MEINE 6 DIOPTRIENBRILLE BRINGT KEINE
HILFE DIE V A R I A N T E N ZU
KOPPELN DURCH ÜBEREINANDERSETZEN IST
IIIR ZU MÜIISAM GESTERN TELEFONAT AUS
BUDAPEST UND DAHMSDORF PETRA HAT
IHREN JAHRESMONATSKUNSTKALENDER
DIESMAL MIT DER POST GESCHICKT
GUDRUN HAT MICH UM 22.00 UHR AUCH
NOCH MAL ANGERUFEN ICH HABE DAS GE-
SPRÄCH ALS NICHT GEWOLLT ABGEBRO-
CHEN UND AUCH SO BENANNT WAR VON 4.00
UHR AN WIEDER WACH MIT KURZEN DÖSUN-
TERBRECHUNGEN WOBEI ICH BEOBACHTE
DASS DER KÖRPER IM „WACHZUSTAND" IN
EINEN GANZ ANDEREN ARBEITSMODUS
ÜBERGEHT JEDE STUNDE ZUR TOILETTE UND
WIRKLICHE HARNMENGE
GESTERN NOCH WASCHMASCHINENFÜL-
LUNG GEWASCHEN GETROCKNET HEUTE
FRÜH ABGENOMMEN

DER HUND IST GENAU SO HIRNGESTÖRT WIE
ICH DAS VON REN'S MILCHGIER ZUM FRÜH-
STÜCK VERMUTE NACH DEM GESPRÄCH MIT
RALF WAR MIR DER ANLASS ZU JORDYS
EMOTIONALEM GEISTIG GEFORMTEN ER-
GUSS KLAR: WAR EIN TAG VOR HEILIG
ABEND DIE ERSTE FREMDUMWELTERFAH-
RUNG AN SO EINEM „FAMILIENTAG"
MEINE GEDULD WIRD VON DEN MEISTEN
SEHR ÜBERSTRAPAZIERT DIE MENSCHEN
VERGESSEN DASS ICH IN IHRE PROBLEM-
WELT INNERLICH EINSTEIGE UND DANN
SEHR INTERESSIERT AN DER WEITEREN ENT-
WICKLUNG BIN HABE NACH EINEM GE-
SPRÄCH MIT REN EBEN AN RALF GESIMST
BEIM BESPRECHEN MIT REN KAM MIR NACH
MEINER PERSÖNLICHEN WEITERBILDUNG
ÜBER WESENSWILLE UND KÜRWILLE DER
SATZ AUS MUND - LEBEN PFLICHT UND KÜR
ZUR EINHEIT ZU VERSCHMELZEN ERGO -
ICH-ENTWICKLUNG
16.00 UHR HABE REN EBNE DREI EIN HALB
STUNDEN (170KM) HERUMGEFAHREN IHREM
WUNSCH NACH RAUSFAHREN
NACHGEKOMMEN HATTE SICH IM ZIMMER
MIT DEN WORTEN - GEH
ZUR TOILETTE - ABGEMELDET UND KAM
EWIG NICHT WIEDER ICH HATTE ANGEKÜN-
DIGT DASS ICH AUF JEDEN FALL IM MOMENT
PAUSE BRAUCHE ALS ES MIR DANN ZU
LANGE DAUERTE ICH IN SORGE NACHGESE-
HEN DA SASS SIE SCHON TOTAL ANGEZOGEN
IM AUTO!!!

DA SIE DEN HUND MIT WOLLTE HATTE ICH
BEIM AUSSTEIGEN IHR DIE VERANTWOR-
TUNG FÜR DEN HUND ÜBERGEBEN NACH
KURZER STRECKE MUSSTE SIE ZURÜCK DER
HUND BLIEB EINFACH STEHEN RÜCKTE KEI-
NEN SCHRITT IN AUTONÄHE ICH SOLLE DEN
MOTOR WIEDER AUSMACHEN UM ZU
WARTEN ICH STIEG AUS RIEF UND ER
KAM ZUM AUTO ICH WAR WÜTEND DENN SIE
MACHT MICH SOGAR VOR DEM HUND ZUM
DEPPEN
HATTE SICH KARTOFFELSALAT ALS MITTAG
GEWÜNSCHT EINEN JOGHURT GEGESSEN
UND DER SALAT STEHT NOCH DA:
„ICH HABE JA DEN GANZEN ABEND ZEIT"

REMEMBER 15
1.1.2024
HABE UM 5.00 UHR GEBADET WAR IM ALTEN
JAHR NICHT MEHR DAZU GEKOMMEN DANN
UM SIEBEN AUFGESTANDEN ALLES FÜR DAS
FRÜHSTÜCK VORBEREITET KATZEN HÜHNER
HUND BEFRIEDET UND DANN
NACHSCHAUEN UM 8.15 UHR OB ALLES
OKAY LAG WACH MIT OFFENEM GESICHTS-
AUSDRUCK UND LÄCHELTE ZU MEINEM
„HAPPY NEW YEAR!" UM HALB NEUN DANN
AM TISCH ALLE NACHBEREITUNGEN FERTIG
MICH ZUR PAUSE INS WOHNZIMMER BEGE-
BEN HATTE KONZERT IM FERNSEHER EINGE-
STELLT DA SAH ICH SIE DURCH DIE HAARE
WUSELN ALSO ICH DIE INFO AUFGEGRIFFEN
UND IHR DIE HAARE GESCHNITTEN

HABE IHR AUCH ERÖFFNET DASS SIE KLEINE
AUFGABEN WIE ABWASCHGESCHIRR AUS-
RÄUMEN VERSUCHEN SOLLTE ZU
ÜBERNEHMEN DAMIT ANDERE MUSKEL-
GRUPPEN AKTIVIERT WERDEN IHR MEINE
LÄDIERTE VERBUNDENE RECHTE HAND
GEZEIGT DASS ICH HILFE BRÄUCHTE
NACH DEM HAARE SCHNEIDEN WAR S I E
ERSCHÖPFT

2.1.2024
ICH HÖRE GERÄUSCHE IM FLUR STEHE AUF
UND FINDE REN IN DER KÜCHE EISKALTE
MILCH IN HALB ANGEZOGENEM ZUSTAND
TRINKEN SIE KÄMPFT DASS SIE NORMALEN
STUHLGANG HAT ICH BEREITE DEN FRÜH-
STÜCKSTISCH VOR SIE KOMMT IN DIE
KÜCHE UND STÜRZT WIEDER MILCH IN SICH
REIN SIE ERBRICHT ALLES RAUS WILL UNBE-
DINGT STUHLGANG HABEN NIMMT EIN
WARMES SITZBAD JETZT SCHLÄFT SIE WEIL
SIE WAHRSCHEINLICH NACHTS NICHT GE-
SCHLAFEN HAT SIE HAT LEBENSLANG IN
DEN LETZTEN 40 JAHREN ZUM FRÜHSTÜCK
MILCHKAFFEE GETRUNKEN SEIT DREI
TAGEN NICHT DAS KÖNNTE DER KÖRPER
AUCH ANDERS BEANTWORTEN

3.1.2024
HILFE BEIM ENTBETONIEREN DES DARMS
GEHOLFEN ERST UM 5.00 UHR BEI MIR
SELBST UM 8.00 UHR BEIM P A T I E N T E N

SOLLTE HEUTE LOTTO SPIELEN DENN ICH
HABE NOCH NIEMALS SO VIEL SCHEISSE IN
DEN HÄNDEN GEHALTEN IRENE BESCHÄF-
TIGT VÖLKERSTÄMME ICH BIN ABER NUR
EINE EIN-FRAU-STAMM
GESTERN WÄHREND DES TELEFONATS MIT
PHILOMENA WAR SIE IM BAD ZUSAMMENGE-
SACKT ALS SIE SICH WIEDER DIE KALTE
DUSCHE INS GESICHT GEBEN WOLLTE MEINE
PHYSISCHEN KRÄFTE SIND BEGRENZTER ALS
MEINE PSYCHISCHEN DOCH DIE GEHEN
AUCH IN DIE ERSCHÖPFUNGSPHASE HEUTE
KIWI UND SALAT MIT ZITRONE UND ZUCKER
SIE IST IM MOMENT DAVON ÜBERZEUGT DA-
VON DASS SIE ALLES ERBRECHEN MUSS
IM W O H N ZIMMER DAS NACHTLAGER
VORBEREITET SEHR SCHWER DER „UMZUG"
VON DEM ZWEI METER ENTFERNTEN
LIEGESOFA ZUM NACHTLAGER MEINE KÖR-
PERLICHEN KRÄFTE REICHEN

4.1.2024
ZURÜCKUMZUG EBENSO SCHWER MILCH
HABE ICH VERWEIGERT WEIL ICH MICH
INZWISCHEN BELESEN HATTE UND
SCHOKOPUDDING GEKOCHT UND
GEFÜTTERT

FEELING
6.1.2024

6.00 UHR DER SCHWERKRAFT BERAUBT MIR
WIRD SCHLAGARTIG DER ZUSTAND KLAR IN
DEM ICH MICH BEFINDE DIE SOGENANNTEN
ERLEDIGUNGEN NACH EINEM BESORGNISER-
REGENDEN TOD DES GELIEBTEN MESCHENS
SIND NUR PILLEPALLE GEGENÜBER DEN
PFLICHTEN UND VERANTWORTUNGEN EINES
79 ½ JÄHRIGEN LEBENS
DAS WORT SCHWERKRAFT GEHT MIR BEIM
SCHREIBEN AUF DASS ICH DIE SCHWERSTEN
KRÄFTE IN DEN LETZTEN DREI-VIER JAHREN
AUFBRINGEN MUSSTE DURCH UNFÄLLE DIE
IRENE HATTE ES BEGANN MIT EINEM FUCHS
DER IN DEN HÜHNERSTALL EINBRACH
IRENE MIT EINEM VERLETZTEN HUHN IM
ARM HINTER IHM HER SCHWER STÜRZTE SIE
MUSSTE IN DIE NOTAUFNAHME ICH WEISS
NICHT MEHR GENAU WAS WAR DOCH KAM
SIE MIT KRÜCKEN NACH HAUSE BEIM ZWEI-
TEN UNFALL STÜRZTE SIE VON EINEM BERG
VOR DEM HAUS ZUR STRASSE HIN ZWISCHEN
EINE LEITER UND ANDERE GEGENSTÄNDE
WIEDER SCHWERE VERLETZUNGEN DOCH
KEINE BRÜCHE WIEDER NEUE KRÜCKEN IM
DRITTEN JAHR ZOG SIE SICH IM
DEZEMBER EINE ERKÄLTUNG ZU UND LAN-
DETE WEGEN DES VERDACHTS EINER LUN-
GENENTZÜNDUNG WIEDER IN DER
NOTAUFNAHME
DIE ERKÄLTUNG WAR BESIEGT ZU HAUSE

LUNGENENTZÜNDUNG VERMIEDEN DURCH
BEHANDLUNGEN ERFOLGREICH ZU HAUSE
DOCH DER ZUCKERWERT ZEIGTE NUR NOCH
11 HIGH 11 DAS IST EIN BEDROHLICHER ZU-
STAND VOR DIESEN DREI ERFAHRUNGEN ER-
SCHIEN DAS NÄCHSTE WINTERHALBJAHR
SCHON VON VORNHEREIN UNTER UNGUTEM
OMEN DIE ÄRZTE–TIRADE DIE IN GANG GE-
SETZT WURDE ZUM ONKOLOGEN ERÖFFNETE
VIELE ÄNGSTE   CT IN EINER ANDEREN EIN-
RICHTUNG JEDENFALLS DIE KNOCHEN-
MARKPUNKTION DIE FÜR OKTOBER ANGE-
SETZT WAR MUSSTE VIER WOCHEN VER-
SCHOBEN WERDEN WIEDER VERSTECKTE
LANGE ANGST AM 19.11.2023 DANN PUNK-
TION UND DREI WOCHEN WARTEZEIT AUF
DEN BEFUND ACHT TAGE WARTETE IRENE
ÄUSSERLICH UNAUFFÄLLIG AUF DEN BE-
FUND AM NEUNTEN TAG HÖRTE SIE AUF ZU
ESSEN SIE SAGTE SIE KÖNNE NICHT DIE
ANGST STÖRTE SIE IN IHRER ABSICHT LIE-
BER ZU STERBEN ALS ERGEBNISSE ZU ER-
FAHREN DIE IHR SOWIESO KEINE ROSIGE ZU-
KUNFT VERHEISSEN WÜRDEN SIE VERBOT
MIR TROTZ ZUNEHMENDER SCHWÄCHE KÖR-
PERLICHEM VERFALL EINEN ARZT NACH
HAUSE ZU HOLEN ICH GESTEHE JEDEM MEN-
SCHEN DIE FREIE VERFÜGBARKEIT ÜBER
SEIN LEBEN ZU WENN ER IM GEISTIGEN
KLARZUSTAND IST SO MUSSTE ICH IHREN
WILLEN RESPEKTIEREN

ALS DANN AM 13.12.23 DER BEFUND KOM-
MEN SOLLTE SETZTE ICH MICH MIT DEM ON-
KOLOGEN ÜBER E-MAIL IN VERBINDUNG
DASS SIE KÖRPERLICH NICHT TRANSPORTFÄ-
HIG DURCH MICH SEI OB ER MIR DEN BE-
FUND NICHT SCHICKEN KÖNNE DIESER
BITTE KAM ER NACH DENN SIE HATTE VER-
SPROCHEN DASS WENN DER BEFUND DA ICH
EINEN ARZT
12.12.23 NOTRUF UND
AM **13.12.23** 10.30 UHR WAR SIE DURCH
SELBSTBESCHAFFUNG EINES KRANKEN-
TRANSPORTES IM KRANKENHAUS DORT
KAM SIE AUF EINE SPEZIALDIABETIKERSTA-
TION ENTSPRECHENDER „SCHLÜSSELLOCH-
DIAGNOSE UND BEHANDLUNG" WIE ICH DAS
NENNE SIE HATTEN DIE BEFUNDE VON MIR
KOPIERT ERHALTEN SIE ASS AUCH DORT
KAUM WAS
LÖSUNGSINFUSIONEN FÜLLTEN SIE IN IHREN
KÖRPER SO AB DASS IHRE HÄNDE UND FUSS-
GELENKE ANSCHWOLLEN ALS ICH MERKTE
DASS SIE AUF MEINE
L Y M P H D R A I N A G E B E H A N D L U N G
ABSCHWOLLEN MIT DEN SCHWESTERN GE-
REDET AM NÄCHSTEN TAG ABGESETZT
UNTER EINGESTÄNDNIS DASS ZU VIEL EIN-
GEGEBEN WORDEN WAR BLUTTRANSFUSIO-
NEN UND NACH ZUCKEREINSTELLUNGEN
AUF ANDERE MEDIKAMENTE ENTLASSUNG
FÜR DEN 22.12.23 ANGEKÜNDIGT WIEDER AB-
GESAGT UND DANN DOCH FÜR NACHMITTAG

GENEHMIGT SIE WOLLTE NACH HAUSE UND
ICH WOLLTE SIE ZU HAUSE HABEN
SCHWIERIGE VERANTWORTUNGSVOLLE ZEIT
MIT TONNENSCHWERER ANZIEHUNG AN DIE
SCHWERKRAFT IN MEINER SEELE UND VOR
ALLEM AN DIE SCHWEREN KRÄFTE DIE
NACH SO VIELEN WOCHEN ALLEINIGER VER-
ANTWORTUNGSARBEIT AUF DEM ANWESEN
DEN TIEREN UND DER KÖRPERLICHEN VER-
SORGUNGSLEISTUNG FÜR EINEN SCHWER-
KRANKEN GELIEBTEN MENSCHEN WAR ZU
LEISTEN DIE DIAGNOSE HABE ICH IHR NIE
GESAGT OB DIE ÄRZTE SICH VERQUATSCHT
HATTEN WEISS ICH NICHT JEDENFALLS
HATTE ICH SIE BEIM FRÜHSTÜCK ZU MINI-
MAHLZEIT IN DER KÜCHE AM TISCH UND
AUCH ZUM MITTAGSTISCH MACHTE SIE
GUTE MIENE ZUM GEWOLLTEN SPIEL DES
KRAFTAUFBAUS DANN STELLTEN SICH
VERSTOPFUNGEN EIN WURDEN ERBRECHEN
ESSENSVERWEIGERUNG KRÄFTEVERFALL
UND STEIGENDE HILFLOSIGKEIT BEI MIR
WEIL MEINE KÖRPERLICHE KRAFT NICHT
GROSS GEBUG UM SIE VON EINEM TAGESLA-
GER ZWEI METER WEITER IN DAS NACHTLA-
GER UMZUBETTEN ICH WÜNSCHTE FÜR SIE
SO SEHR DASS SIE KEINE QUALEN ERLEIDEN
MUSS DURCH WÖCHENTLICHES BLUTABZAP-
FEN ZENTRIFUGIEREN UND WIEDER INJIZIE-
REN DASS SIE ZU HAUSE IM GEWOHNTEN
UMFELD DEM HERBEIGEWÜNSCHTEN LANGE
ERSEHNTEN SENSENMANN FOLGEN DARF
ICH KÖNNTE ES NICHT MEHR BEWÄLTIGEN

UND HATTE FREMDE HILFE HOLEN MÜSSEN
EINMAL SCHAFFTE ICH NOCH DAS UMBET-
TEN MICH ALLEIN WIE VOM UNIVERSUM IN-
FORMIERT SCHLOSS ICH DAS TOR NICHT ZU
F A L L S ES IN DER NACHT OFFEN GE-
BRAUCHT WÜRDE IN ALL DER ZEIT HATTE
ICH BEI JEDEM BETTVERLASSEN IN DER
NACHT NACH IHR GESCHAUT OB NOCH AL-
LES „IN ORDNUNG" SIE ATMET!
HATTE OFT HILFE BEIM WIEDER INS BETT
KOMMEN (VOM BODEN) LEISTEN MÜSSEN
ZUDECKEN USW. IN DEN LETZTEN ZWEI
NÄCHTEN WAR IHR NACHTLAGER IM
WOHNZIMMER ALS ICH 20.20 UHR NACH DER
LETZTEN WASCHMASCHINE (JEDEN TAG EIN
BIS ZWEI WEGEN DER INKONTINENZ) NACH
OBEN GING HATTE ICH DEN TISCH VOR IHR
LAGER GESCHOBEN DAMIT SIE NICHT HER-
AUFALLE
UM 23:00 UHR ZWANG MICH MEINE SOMATI-
SIERENDE STRESSBLASE NACH UNTEN ICH
SCHAUTE NACH IHR UND WUSSTE!!!! DIE
FARBE WAR F A L S C H DER KOPF WARM
UND AUS DEM MUND KAMEN BLASEN
DIE ICH ABWISCHTE ICH MACHTE DEN PUPIL-
LENTEST MIT EINER TASCHENLAMPE (DIE
AUGEN WAREN GESCHLOSSEN) DAS AM
TISCH LIEGENDE BEIN HOCH ANGEWINKELT
UND FÜHLTE DASS ICH DIE FEUERWEHR (110)
ANRUFEN MUSSTE

ES WAR DIE ZEIT IHRES
KÖRPERLICHEN STERBENS

ALLE WEITEREN PROZEDERE GEHÖREN
NICHT ZU DEM GEDANKEN SCHWERKRAFT
VERLOREN MIT IHREM AUFSTIEG INS NICHTS
BIN ICH AUS MEINER VERANTWORTUNG DIE
ICH VOR 42 JAHREN IM OKTOBER ÜBERNOM-
MEN HATTE ENTLASSEN WORDEN
JETZT ENDLICH KOMMEN TRÄNEN DENN IN
DIESE VERANTWORTUNG DASS ICH AAS-
GEIER AN IHREM TISCH ENTDECKT
HATTE DIE NUR IHRE ANGST VOR EINSAM-
KEIT SCHAMLOS AUSNUTZTEN WAR ICH BE-
WUSST UND VORSÄTZLICH EINGETRETEN
UM SIE ZU VERJAGEN UND DIESEM WERT-
VOLLEN MENSCHEN ZU EINEM
W A C H S E N D E N SELBSTBEWUSSTSEIN
UND SELBSTWERTGEFÜHL ZU VERHELFEN
ENERGIE HATTE SIE GENUG DOCH VER-
SCHWENDETE SIE FÜR SCHMAROTZER DIE
VERDRÜCKTEN SICH UMGEHEND UND
RASCH UND ERLEBNISREICHE JAHRE
GESTALTETEN WIR IN OSTBERLIN WESTBER-
LIN UND WIEDER IN OSTBERLIN UND REISEN
IN DIE GANZE WELT
JETZT EINE SCHWERKRAFT FÜR ENTDECKEN
ZU WIRD NICHT MEHR MÖGLICH HABE
MEINE BÜCHER (23 BIS JETZT) ALS VER-
MÄCHTNIS FÜR DIE ENKEL EINSTENS BE-
GONNEN DOCH DA EINE TOCHTER SCHON
VERSTORBEN AUF DEREN STERBEURKUNDE
AUS LUXEMBURG ICH AUCH SCHON ALS
VERSTORBEN WIE DER V A T E R
EINGETRAGEN BIN UND ERST IN DER UNTEN
ANGEHÄNGTEN NACHBEMERKUNG NOCH

LEBE UND DIE ZWEITE TOCHTER DURCH IHR
VERHALTEN IN MEINER SEELE AUCH STER-
BEN MUSSTE WEIL SIE IHREN KINDERN AUCH
DUBIOSE INFORMATIONEN GEGEBEN HABEN
MUSS DENN BEI MIR KAM NIE DURCH SIE
NEUGIER AN IST DIESER SCHREIBBODENHAF-
TUNGSHERING (ZELTLEINE) AUCH
WEGGEBROCHEN WAS ALSO SOLLTE MICH
NACH DEN PROLLARBEITEN DER NACH-
STERBLICHEN PFLICHTREGELUNGEN NOCH
HALTEN OB NUN DIE LEINE FÜR DEN BAL-
LON DURCHGESCHNITTEN ODER EIN
ILLUSIONSBALLON GEPLATZT IST NICHT
WICHTIG MÖCHTE ICH IN MEIN LEBEN ZU-
RÜCK DAS ZWAR IM MOMENT SICH LEICH-
TER ANFÜHLT ALS IN DEN LETZTEN JAHREN
WEIL AUS DIESER VERANTWORTUNG ENT-
LASSEN
IST LEBEN NUR IN VERANTWORTUNG
MÖGLICH????
FÜR MICH WAR ES VON KLEIN AN SO!

REMEMBER 16
6.1.2024 17.30 UHR
KNAPP ZWÖLF STUNDEN SPÄTER
NACH „FEELING"
HABE DEN TAG UM DIE ECKE GEBRACHT
WAR MIT DEM HUND UNTERWEGS HABE
HÜHNER UND KATZEN VERSORGT SOGAR
RALF ANGERUFEN UND DEN TEXT „FEELING"
VORGELESEN (ER HAT IM REGEN AUF DER
STRASSE ZUGEHÖRT) IM OBENRAUM DES
SCHLAFENS VON IRENE DECKE DRAPIERT

FENSTER GEÖFFNET DIE ZEITSCHRIFTEN AUS
DEM WOHNZIMMER ERST MAL RAUS VON
OBEN NOCH NICHT ICH MÖCHTE DIE KATZEN
WIEDER IM HAUS HABEN WENIGSTENS FÜR
LUSTFRESSEINLAGE

7.1.24 8.00 UHR
UM SECHS UHR AUFGESTANDEN WEIL SEIT
VIER UHR KEIN SCHLAF MEHR MÖGLICH
DANN GEBADET UM HALB ACHT AUS DEM
BETT P A S S E N D E HOSE GESUCHT
(64,5 KG) UND DANN KATZEN AN IHREN
ALTEN HAUSBARPLATZ LOCKEN WOLLEN
DER Y A N G HAT MICH BEIM GREIFEN SO
SEHR VERLETZT DASS ICH AM RECHTEN
AUSSENDAUMGELENK LANGEN RISS HABE
UND GEBLUTET WIE ABGESTOCHEN JETZT
BIN ICH BEKLEIDET DIE KATZEN SIND
DRAUSSEN ICH WERDE WIEDER WÄRMER
UND INS HIER UND HEUTE GELENKT
DA ICH NOCH ETWAS AKKLIMATISATION
BRAUCHE WERDE ICH ERST FRÜHSTÜCKEN
BEVOR ICH RAUS GEHE UND DIE TIERE VER-
SORGE
9.00 UHR HABE GEFRÜHSTÜCKT UND KAT-
ZEN UND HÜHNER VERSORGT MICH FÜR
VORMITTAG IN DAHMSDORF ANGESAGT
WERDE GEGEN HALB 10 LOSFAHREN VIEL-
LEICHT NOCH MIT DEM HUND DER HEUTE
SEHR AUFGEDREHT IST GESTERN ABENDS
NOCH LIEBEN ANRUF VON FRAU WEDELL BE-
KOMMEN: WIE GEHT ES HÜHNERN KATZEN
UND HUND!!!

13.00 UHR BIN AUS DAHMSDORF ZURÜCK
WENN MAN SICH GEGEN
KULTURTYPISCHES VERHALTEN WEHRT
ENTDECKT MAN HILFLOSE KÄLTE BIN FROH
WIEDER ZU HAUSE ZU SEIN MEIN DAUMEN
SCHMERZT DESHALB WERDE ICH AUCH
NICHT VIEL SCHREIBEN

8.1.24
DIE HANDGRIFFE DIE IM ZWEIERLEBEN
SELBSTVERSTÄNDLICH SIND FRÜHSTÜCKS-
TISCH DECKEN UND ANDERE VERSOR-
GUNGSHANDGRIFFE NACHBEREITUNG GE-
MEINSAME AKTIONEN VORBEREITEN UND
DURCHFÜHREN WERDEN ZU DOPPELT
VIEL ERLEBTEM TUN FÜR SICH SELBST MÜH-
SAM ERMÜDEND SINNLOS FREUDLOS
HOCHRECHNUNG WELCHE FIXEN KOSTEN
DER UNTERHALT DES ANWESENS MIT EINER
RENTE ZU BEGLEICHEN SIND UND ERKANNT;
DASS MEINE KLEINE RENTE NICHT REICHEN
WIRD

10.1.2024
ICH EMPFINDE IN MEINEM INNERN IST ALLES
WUND LANGSAM KANN ICH AUS TRAURIG-
KEIT WEINEN DOCH IST DAS MEHR
SELBSTMITLEID ALS WEINEN UM REN DENN
ICH GÖNNE IHR SO SEHR DIESEN ENDGÜLTI-
GEN ABGANG AUS EINER SCHMERZVERHEIS-
SENDEN ZUKUNFT ICH WERDE ES LERNEN
MÜSSEN DASS ICH MICH SELBST BEDAUERN
DARF DENN DAS HABE ICH MIR LEBENSLANG
AUCH NICHT GEGÖNNT DIE SCHEISSVERANT-
WORTUNG

AUS FRÜHESTER KINDHEIT ALS ICH NOCH
NICHT SCHREIBEN KONNTE MUSSTE ICH DIE
GELDEINNAHMEN ZUR KASSE MIT DEM
FAHRRAD FAHREN IN STETER ANGST VOR
DEN RUSSEN DIE DAMALS IN
COTTBUS STATIONIERT WAREN UND VOR
DENEN SOGAR MEIN VATER ABENDS DIE SPI-
RITUOSEN IM KORB IN DIE WOHNUNG NACH
OBEN GETRAGEN HAT UND DIE LADENTÜR
MIT EXTRABRETTERN VERRAMMELT HATTE
ICH DURFTE BEIM KASSIERER HERRN FET-
TING BEI DER SPARKASSE DREI KREUZE MA-
CHEN, DENN WIE GESAGT, SCHREIBE
KONNTE ICH NOCH NICHT SO GING ES DANN
LEBENSLANG WEITER ICH WERDE MICH AN
ANDERER STELLE DARAN ERINNERN DOCH
JETZT NICHT
OB ICH OHNE VERANTWORTUNG FÜR AN-
DERE NOCH IN DIE LUSTVOLLE EIGENVER-
ANTWORTUNG FINDEN KANN WEISS ICH
NICHT ZUR ZEIT SIND ES HÜHNER KATZEN
HUND UND PROLLORGANISATIONSAUFGA-
BEN
12.1.24
DIE TEXTE AN PETRA HENKLEIN KOMMEN
ZU DEM ERGEBNIS DASS ICH MEINE 1981
ÜBERNOMMENE FÜR DIE REINE ABER EIN-
SAME „KINDERSEELE" BIS ZUM ENDE BE-
SCHÜTZT HABE AUSSEN RAUBTIER INNEN
WELT NAIV BESTAUNEND UND WEHRLOS
ERKLÄREND ZU EINEM TULPENBLUMEN-
STRAUSSBILD MIT EINEM KINDERBILD VON

REN UND DEM „EINSARGEN" IM BUNTEN BE-
ZUG ALS ANFANG UND ENDE MEINER ÜBER-
NOMMENEN AUFGABE ES LÄSST NICHT
NACH DAS WUNDGEFÜHL IM INNERN DER
HUND BESTEHT AUF SEINEM ZIMMERWURF-
SPIEL DAS WIR BEIDE IMMER WÄHREND DER
NACHMITTAGS ODER ABENDSERIEN MIT IHM
ABWECHSELND VERANSTALTET HATTEN
DAS IST DER ZWEITE FREI-TAG
OHNE REN
20.00 UHR UM VIER KLINGELT ES UND ICH
HÖRE NICHTS DOCH DER HUND BELLT UND
ICH KOMME AUS DEM KELLER „GEKRO-
CHEN" SCHAUE ZUM TOR UND DA STEHEN
DIE ZWEI TREUEN MÄDELS PETRA UND UTE
BIS UM HALB ACHT GEREDET DANN KAM
DAG UM SIE ABZUHOLEN ICH HABE GERUN-
GEN OB ICH DIE BEGONNENE ARBEIT BE-
ENDE ODER AUF MORGEN VERSCHIEBE
DOCH MORGEN BLEIBT FÜR MICH NOCH DIE
ARBEIT IM HAUS WEIL JA BUDAPEST ZU BE-
SUCH KOMMT ICH BIN FIX UND ALLE MIR
SCHMERZEN ALLE KNOCHEN

REMEMBER 17
14.1.24
ICH KANN NICHT LEBEN OHNE EINEN
NUTZEN AUS DIESER LEBENSZEIT ZU ZIEHEN
DIE MEISTEN MENSCHEN LEBEN OHNE NUT-
ZENSERWARTUNG
GESPRÄCHSGEGENÜBER: MAL SO MAL SO
ANTWORT AUF FRAGE: WIE IST ES BEI DIR?
WENN NUTZENSERWARTUNG DAS HANDELN

BESTIMMT IST DAS NICHT MEINE ERSTE AUS-
SAGE IN MIR IST NICHT VERANKERT DASS
ICH AUCH OHNE HANDELN MIT NUTZEN LE-
BEN DARF DER SPRUCH : HALT NICHT MAUL-
AFFEN FEIL IST TIEF IN MIR VERANKERT
15.1.2024
SELBSTBEZUG 1000 PROZENTIG GELUNGEN
ILLUSION EINER MÖGLICHEN ZWEISAMKEIT
GEKOSTET DURCH ERINNERUNG AN
ALTEN TRAUM VOR 41 JAHREN MARGUERITE
YUORCENAR IST DIE FIGUR DES URWUN-
SCHES MIT EINER BESTIMMTEN JUNGEN
FRAU EINE RANCH ZU BEWIRTSCHAFTEN DIE
VON MIR MIT EINER FLINTE VERTEIDIGT
WIRD (EIN FERNSEHBILD EINER DOKU)
WIR HABEN DREI FÜR MICH SEHR TRISTE
TAGE ZUM AKTIVEN LEBEN VERHOLFEN
WEIL SIE MICH OHNE ANFRAGE EINFACH
WORTLOS MIT BESUCH BEEHRT HAT
ICH SAGE DEM SCHICKSAL DANK FÜR DIESE
CA. 72 STUNDEN VIEL ERZÄHLT ZUSAMMEN-
HÄNGE AUFGEDECKT AUS EIGENER BIOGRA-
FIE UND DER DER INZWISCHEN 55 JÄHRIGEN
„JUNGEN" FRAU
JETZT GEHT ES ANS „AUF WIEDERSEHEN" SA-
GEN IM WAHRSTEN SINNE DES WORTES ES
STEHT IN DEN STERNEN OB WIR UNS NOCH
EINMAL BEGEGNEN WERDEN ADIOS
16.1.24
ICH HÖRE WIEDER AUF ZU RAUCHEN ES
LENKT NICHT AB SCHMECKT NICHT STINKT
UND ICH MUSS MORGENS DAS ABGELA-
GERTE ABHUSTEN OBWOHL ICH NUR PAFFE

ALSO NICHT IN DIE LUNGE ZIEHE
DOCH DANN KÖNNTE ICH ES AUCH LASSEN
STRASSE VON SCHNEE BEFREIT GESTREUT
KATZEN VERSORGT HÜHNERSTALLHAUS
AUF UND FUTTER UND KATZENSONDERFÜT-
TERUNG TROCKENFUTTER VOR DER WOH-
NUNGSTÜR JETZT IN DIE KÜCHE UND MIR
FRÜHSTÜCK MACHEN ICH HABE NUR 64,4 KG
ZUR ZEIT 17.00 UHR HEUTE VOR 62 JAHREN
WURDE MEIN VATER BEGRABEN ICH STELLE
MIT ENTSETZEN FEST DASS ICH AUCH NOCH
NIE FÜR MICH EINE SITUATION GEMÜTLICH
GESTALTET HABE NUR AUF DEM BOOT HABE
ICH MAL EINE BESTIMMTE CD GEHÖRT DOCH
MUSIK ALS UNTERHALTUNG WÄHREND
KUNST ODER WISSENSCHAFTSLITERATUR
NOCH NIE ALLES EINGERICHTET FÜR REN
DAMIT ES SIE GEMÜTLICH HAT UND ALLE
FREIHEITSGRADE BEIM HÖREN VON HÖRBÜ-
CHERN ODER KLASSISCHER MUSIK '
ÜBUNG IM GESTALTEN HABE ICH GENUG
DOCH NUN MUSS ICH MIR DAS SELBST GÖN-
NEN OB DAS MIR LUSTVOLL GELINGT WEISS
ICH NOCH NICHT MIT SCHOKOLADE KANN
ICH MICH GUT VERWÖHNEN TRÜFFELPRALI-
NEN UND MARZIPAN EBENSO DIE VORZUBE-
REITENDEN SPEISEN WERDEN SICH AUCH
TOTAL ÄNDERN DIE VORRÄTE AUS DEN
KÜHLSCHRÄNKEN WILL ICH LEEREN DENN
ES GIBT SO VIEL NEUES ZU PROBIEREN WAS
IN KLEINEN MENGEN EROBERT WERDEN
KÖNNTE ZUM IN DIE MASCHINE ZU SCHREI-
BEN FEHLT MIR NOCH DER ANTRIEB

17.1.24

FERNSEHER W A R N T VOR RAUSGEHEN
GLÄTTE ICH DARF MICH NICHT
DURCH FREMDE AUSREDEN DRÜCKEN ALSO
WERDE ICH DEN TIP VERGESSEN ALSO
WERDE ICH VERGESSENES VON GESTERN
ALTGLAS UND PFANDFLASCHEN ABGEBEN
UND MEDIA-MARKT ZUR PRÜFUNG
EINES GERÄTES DOCH ANGEHEN DER
RHYTHMUSPLAN VON GESTERN
IST ZWAR GUT DOCH DARF ICH DARAUS
NICHT SCHON WIEDER EINE PFLICHT FÜR
MICH MACHEN AB JETZT MUSS DAS WORT
L U S T DIE PFLICHT ÜBERSTEIGEN ICH VER-
SUCHE ES WENIGSTENS WAR NOCH NICHT IM
„KULTURRAUM" OBEN DOCH HÜHNER KAT-
ZEN UND „FÜTTERN" SCHON ERLEDIGT AUCH
DAS „PARTEILEHRJAHR" MIT MIR SELBST IM
WARMEN WOHNZIMMER ABSOLVIERT
GEDANKE: ARCHITEKTUR IST NUR BEDINGT
EIN SPIEGEL DER GEGENWART RÜCKWÄRTS
ODER WUNSCHDENKEN VORAUS SIND
DETERMINANTEN SPIEGEL DER SOZIALEN
STRUKTUREN EINES LANDES
EIN PARADIGMENWECHSEL IST ZWINGEND
NOTWENDIG IN MEINEM BISHERIGEN LEBEN
HABE ICH ALLE PFLICHTEN ZUR PERSÖNLI-
CHEN LUST WERDEN LASSEN
JETZT MUSS LUST AUS MEINEM SEIN FÜR
MICH ZUR PFLICHT WERDEN
ES STEHT IN DEN STERNEN OB MIR DAS
JEMALS GELINGT

ÜBRIGENS: ICH HABE EIN NEANDERTALER
GEN LEIDE DAFÜR ABER AN ALLERGIE UND
ASTHMA DAFÜR STÄRKERES IMMUNSYSTEM
HAT MAN IN DEUTSCHLAND UND FRANK-
REICH ERFORSCHT

REMEMBER 18
21.1.2024
EIN SCHLIMMER ALBTRAUM RÜTTELTE
MICH WACH EIN SOGENANNTER BESTIMMER
ERTEILTE EINER MITARBEITERIN EINEN
VISUELLEN AUFTRAG JEMAND MIT
EINER GIFTSPRITZE ZU TÖTEN NUR WEIL ICH
VERTEIDIGEND MEINER TOCHTER IHN
IRGENDWIE BESCHULDIGT HATTE
ICH TRAT IHM IN DIE KNIEKEHLE UND VER-
HINDERTE MIT KÖRPERLICHEM EINSATZ
DIESE TAT
DIE ERKENNTNIS DASS DAS NIEMAND WERT
IST NUR DIE INNERE ETHIK UND MORAL
DARF DER MAßSTAB SEIN
DIESER TRAUM WAR MIR BEWEIS
MEINER INNEREN REDLICHKEIT
BEIM WACHWERDEN WURDE MIR BEWUSST
DASS MEIN INNERER
WERTEKATALOG SOLCHES WILLKÜRLICHE
TÖTEN VERHINDERT HATTE UND DANN
SETZTE DER GEIST EIN WEN ICH DENN DA SO
VEHEMENT VERTEIDIGT HATTE
16.00 UHR
ICH BIN OBEN IM RELAXER HABE DAS KA-
MINFEUER AN DIE MUSIK SPIELT DIE HÜH-
NER HABEN DAS ZWEITE MAL NASSFUTTER

BEKOMMEN GRÜNES UND MAIS HEUTE
SCHON MIT DEM HUND WAR ICH LAUFEN OB-
WOHL ICH KEINE LUST HATTE DOCH ALS ER
VERSUCHTE EINEN FESTGEFRORENEN
STOCK MIR ZU BRINGEN LIESS ICH MICH ER-
WEICHEN UND SPIELTE STÖCKCHEN MIT IHM
BIS ER IHN SELBST ABLEGTE UND KEINE
LUST MEHR HATTE SEINE ÜBERSPRUDELNDE
LEBENSFREUDE ZU SEHEN IST LOHN FÜR DIE
MÜHE MICH DOCH ZU ÜBERWINDEN DIE
KATZEN KOMMEN NOCH ZU WENIG ZUM
STREICHELN WEIL ES MIR UNTEN DRAUSSEN
ZU KALT IST IM KATZENCHALET MEINE 13874
SCHRITTE HABE ICH HINTER MIR DIE MÜLL-
TONNE GEFÜLLT NACH REN'S VORBILD
IIAUPTSACHE VOLL!

DIE LEERE IST GRAUSAM HABE HEUTE
SCHON WASCHMASCHINE LAUFEN LASSEN
WÄSCHE AUFGEHÄNGT UND GESTERN NOCH
DEN BRIEF ZUR HUNDESTEUERBEFREIUNGS-
BEANTRAGUNG FÜR RENTNER FERTIG GE-
STELLT DEN PAPIERZIRKUS DEN MIR DER
RECHNER GELIEFERT HAT WERDE ICH MOR-
GEN SORTIEREN EIN NEUES GEFÜHL LERNE
ICH KENNEN ES MUSS NICHTS SOFORT SEIN
ES KOSTET ABER NOCH ÜBERWINDUNG DIE
ZEIT ZU LEBEN UND NICHT NUR VON IHR GE-
JAGD ZU WERDEN HABE MIR HEUTE ZUM
FRÜHSTÜCK ZWEI TOASTSTULLEN VORBE-
REITET DIE EINE HALB DEM HUND ZUM MIT-
TAG DIE ZWEITE MIT HÜHNERSPIESSFLEISCH
ZWIEBEL PAPRIKA TOMATE

JEDENFALLS BIN ICH VIEL ZU SATT UM DREI
VIERTEL FÜNF KANN ICH DEN HÜHNER-
STALL VERRIEGELN

REMEMBER 19   ABGESANG
(VERFASST AM 23.1.24.)
ICH WEISS ES AUS EIGENER BIOGRAFIE
WIE SICH SCHREIBT INS SPÄTERE GEDÄCHT-
NIS EINE FOTOGRAFIE
JEDEM BRAUCHTUM ZUWIDER
IST HIER KEIN BILD NUN VERFÜGBAR
WER IRENE LEBENDIG ERLEBTE
FÜHLTE DIE EINMALIGKEIT DIE SIE IN IHRER
UMWELT AUSLÖSTE
DAS WAS JEDER ALS IHRE WERTE ERKANNT
SOLL AUCH KNÜPFEN POSTHUM
DAS ERINNERUNGSBAND
ALLE HABEN EIN EIGEN GEFÜHL
ÜBER IHRE EINMALIGKEIT IM BEGEGNETEN
MENSCHENGEWÜHL
EHRGEIZIG FLEISSIG MIT STARKEM WILLEN
KONNTE IHR TATENDRANG
SOGAR HÜHNER & 1.000 m^2 BEZWINGEN
SIE LIEBTE DIE PFLANZEN UND DEREN
WACHSTUM ZU GENIESSEN
STAUNEND DURFTE ICH 43 JAHRE ZUSEHEN
WIE SIE NIEMALS VERGASS SIE ZU GIESSEN
MEIN ANTEIL AM GEMEINSAMEN SEIN
WAR ZU FÜTTERN LEIB UND GEHIRN
SO ERINNERE SICH JEDER AN SIE
MIT SEINEM EIGENEN ERLEBEN

DIESE UNÜBLICHE ART
SICH ZU VERABSCHIEDEN
MAG MIR JEDER VERGEBEN
UNÜBLICH WAR IN UNSERER BIOGRAFIE
AUCH
WIE WIR UNSERE LEBENSLANGE BERUFUNG
GEFUNDEN
SO WIE ICH ALS KIND
HINTER DEM LADENTISCH NEBEN MEINEM
VATER LERNTE MENSCHEN ZU DEUTEN
SO SCHAUTE IRENE NEUGIERIG
DEN MUSIZIERENDEN MENSCHEN
IHRER UMGEBUNG AUF DIE „PFOTEN"
SO WURDE AUS MIR EINE
IN MENSCHEN WIRKENDE PSYCHOLOGIN
UND IRENE ZU EINER
BEGEISTERNDEN MUSIKPÄDAGOGIN
SO UNTERSCHIEDLICH AUCH UNSERE
BERUFSMETHODEN DANN WURDEN
DIE INNERE BEGEISTERUNG FÜR
EIN LEBENSLANGES TUN
WAR VON UNS BEIDEN GEFUNDEN
SIE HAT IHREM UMFELD GEZEIGT
WIE ES GEHT DASS MAN MIT MUT UND HERZ
FINDET DEN WEG EIN ERFÜLLTES LEBEN
BIS ZUM ENDE ZU GENIESSEN
SO SOLLEN AM ROSENHOLZBAUM
IN JEDEM JAHR NEUE BLÄTTER ERSPRIESSEN
DU VERPFLICHTEST
ZUM WEITER ANSTRENGEN

DEIN MENSCH ZU LEBZEITEN
Berlin, den 28.2.2024

116

REMEMBER 20
24.1.24
MICH NOCHT VON ZEIT DETERMINIEREN ZU
LASSEN VERSUCHE ICH IN DIE REALITÄT ZU
FÜHREN ALS ICH MIT MEINEM ZIEL 10.
000 SCHRITTE HEUTE NACH MEINEM FRÜH-
STÜCK RAUS GING UM DIE HÜHNER UND
KATZEN ZU VERSORGEN WURDE ICH VON
UNANGENEHMEM REGEN ÜBERRASCHT SO
BESCHLOSS ICH ERST MAL IM TROCKENEN
ZU „RADELN" ALS GESUNDHEITSPROGRAMM
FÜR MEINE ALTERNDEN MUSKELN DER
REGEN VERHAGELTE MIR ALLERDINGS
AUCH DEN FERNSEHEMPFANG IM CHALET
DOCH KANN ICH BEHARRLICH SEIN IM
SUCHEN SO FAND ICH EINE SENDUNG DIE
ICH GANZ GERN SEHE DAZWISCHEN KAM EIN
ANRUF ALS RETOUR AUF EINE DANK-WHATS
APP DIE ICH AN MONIKA ALS ESSENSSPEN-
DER GESANDT HATTE DASS ICH VERSTEHE
DASS IHR MANN DAUERND EINE ABSPECK-
KUR MACHEN MUSS DAS HATTE SIE NATÜR-
LICH GEFREUT DIESMAL HABE ICH ABER
AUFGEHÖRT ZU TRAMPELN WEIL DAS JA AM
OHR NICHT ZÄHLT ALS ICH MIT MEINEM
ZIEL 10.000 SCHRITTEN DURCH WAR
WAR DIE SONNE HERAUSGEKOMMEN UND
DER REGEN HATTE AUFGEHÖRT DANN VER-
SORGTE ICH DIE KATZEN UND HÜHNER UND
BEREITETE AUCH NOCH NÄCHSTES FUTTER
VOR JETZT UM 10.00 UHR BEGANN ES WIE-
DER ZU NIESELN UND ICH VERZOG MICH
NACH OBEN ZUR ENTSPANNUNGSZIGARETTE

FEUER GUCKEN UND MUSIK ALLES ZU
MEINEM WOHLEMPFINDEN HATTE HEUTE
AUCH RECHT RUHIGE NACHT MIT NUR EI-
NEM „AUSFLUG" NACH UNTEN IN DER
SCHLAFPAUSE VON 3.00 BIS 4.30 UHR EINEN
FILM GESEHEN ÜBER EINE KREBSKRANKE
UND WURDE DABEI RICHTIG FROH DASS
IRENE DAS ALLES ERSPART

NEUE ERFAHRUNG
DREI PERSONEN HABE ICH INDIREKT
FRAGEN GESTELLT ALLE HABEN AUS
EHRLICHEM HERZEN GEANTWORTET ICH
HABE MEINE AMBIVALENZ DANN INS
HANDELN GERICHTET UND HATTE IN ALLEN
DREI FÄLLEN ERFOLG BISHER HATTE ICH
SOLCHE ERFAHRUNGEN NICHT MACHEN
KÖNNEN WAHRSCHEINLICH HIELTEN MICH
ALLE FÜR ZU STARK DASS SIE ES SICH NICHT
TRAUTEN DOCH IN MEINER HILFLOSIGKEIT
KAMEN SIE AUS DER DECKUNG HERAUS
TROTZDEM WERDE ICH MICH IN ZUKUNFT
WIEDER AUF MICH SELBST VERLASSEN MÜS-
SEN DENN ICH HABE BEI ANDEREN AUCH BE-
MERKT DASS SIE NUR FÄHIG SIND IN EIGE-
NEM ZU DENKEN UND SICH NICHT IN AN-
DERE HINEINVERSETZEN KÖNNEN WARUM
SOLLTEN SIE DENN AUCH KEINE KANN ÜBER
EINE MAUER SCHAUEN DIE ZU HOCH IST DIE
NONVERBALE KOMMUNIKATION KLAPPT
MIT MEINEM HUND IMMER BESSER
WENN ICH ESOTHERISCH BELASTET WÄRE

DANN WÜRDE ICH DIE IMMER WARMEN
FÜSSE IN IRENES ZU „GROSSEN" SCHUHEN
DAMIT DEUTEN DASS GROSSSPURIG ZU LE-
BEN LUSTVOLLER SEI ALS SO REALITÄTSBE-
ZOGEN WIE ICH BISHER DURCHS LEBEN GE-
WANDELT BIN

REMEMBER 21
27.1.24
GIBT ES EINEN GRÖSSEREN BEWEIS ALS EIN
„LIEBLING" DER GÖTTER SICH ZU FÜHLEN
WENN MAN MIT 79 EIN HALB NOCH MAL DIE
FREIHEIT DER LEBENSGESTALTUNG BEI RE-
LATIVER GESUNDHEIT UND NORMALER FI-
NANZIELLER ARMUT BEKOMMT NICHT MÜH-
SAM SCHWER UND TRAURIG DÜRFEN MEIN
TUN UND HANDELN BELASTEN SONDERN
ICH ARBEITE NUR DAS WAS MIR KEINE
MÜHE SONDERN BEDINGT FREUDE VER-
SCHAFFT DAS SCHWERE DELEGIERE ICH AN
ANDERE UND ZUR TRAURIGKEIT VERFÜHRT
MICH NUR EINE SCHEINBARE VERANTWORT-
LICHKEIT FÜR MICH SELBST KEINE AUSREDE
KANN MEHR HERHALTEN WARUM ICH
ETWAS WAS MIR LUST UND FREUDE IM
MOMENT VERSCHAFFT NICHT ANGEHE SO
HABE ICH ERKANNT DASS ICH SO VIEL LUST-
TÄTIGKEITEN IN DEN LETZTEN VIER JAHR-
ZEHNTEN NICHT MEHR AUSGEÜBT HABE
WEIL ICH NEBEN EINER HOCHSCHUL-
MUSIKABSOLVENTIN MEIN DILETTANTEN-
MUSIZIEREN AUFGEGEBEN HATTE

HABE ZWAR UNTERRICHTET DOCH NICHT
AUS LUST UND FREUDE WIE VOR 43 JAHREN
EINFACH DILETTANTISCH ZUR GITARRE
GEGRIFFEN ODER AUF EINEM KLAVIER HER-
UMGESPIELT HEUTE DIE ORGEL BENUTZT
MIT ALLEM TECHNISCHEN SCHNICK-
SCHNACK UND INNERES WOHLFÜHLEN ENT-
WICKELT AUCH MUSS ICH ANGESTREBTE
ZIEL NICHT SOFORT UMSETZEN SONDERN
KANN ETAPPEN EINPLANEN ODER EBEN
NICHT PLANEN SONDERN EINFACH MACHEN
28.1.2024
EIGENTLICH HATTE ICH FÜR JEDE EINZELNE
STUNDE EINE TOLLE BESCHÄFTIGUNG VIEL-
LEICHT WÜRDE EIN TAG GAR NICHT
REICHEN VERSUCHE DEM PRINZIP LUST DES
MOMENTS ZU FOLGEN KONNTE HEUTE
SOGAR SCHON BEGINNEN „REMEMBERS" IN
DEN RECHNER ZU TIPPEN ALLERDINGS
ÄRGERT MICH IM MOMENT NOCH TECHNIK
ICH KANN SO ETWAS ABER SCHON VER-
SCHIEBEN UND AUF DEN NÄCHSTEN TAG
DRÄNGELN DAS WORT BESCHREIBT ES
RICHTIG DENN
ES KOSTET NOCH ÜBERWINDUNG SICH
NICHT IN PROBLEME SOFORT HINEIN ZU
VERBEISSEN IM MOMENT BIN ICH BIS IN DIE
LETZTE ZELLE ZUGEFROREN WEIL ICH IM
HEUTE NICHT GEHEIZTEN KULTURKABINETT
VERSUCHTE IM ARTEJOURNAL OKTOBER 23
ZU BLÄTTERN LESEN WAR NICHT DRIN DENN
ALLE SINNE BESCHÄFTIGTEN SICH MIT DER
KÄLTE

DIE HÜHNER HABEN DIE FRÜHFÜTTERUNG
HEUTE WIRKLICH LEER GEPICKT UND JETZT
MUSS ICH NOCH NE HALBE STUNDE WARTEN
BIS SIE IM „HAUS" VERSCHWINDEN SLOWLY
HAT SICH SCHON GESTERN STREICHELEIN-
HEITEN EINGEFORDERT UND HEUTE WIEDER
ALS ICH UNTEN SASS WAREN DIE FÜNF KAT-
ZEN DA UND DER HUND DER FRECHE YANG
HAT SOGAR MIT MEINEM BEIN GESPIELT
MEINEN TEE HABE ICH MIR SCHON NACH-
MITTAGS GEKOCHT UM DIE TRINKMENGE
NICHT IN DIE NACHTENTLEERUNG ZU ZWIN-
GEN WERDE HEUTE NOCH EIN ALKOHOL-
FREIES BIER TRINKEN DENN DIE RESERVEN
MÜSSEN VERBRAUCHT WERDEN ICH SEHE
EIN DASS JEDER SEIN EIGENES PÄCKCHEN
TRÄGT DOCH LAUERT MAN SCHON AUF
NACHRICHT ODER KONTAKT
30.1.24
HEUTE VOLL AKTIV SEIT 7.00 UHR ICH BIN
JETZT UM 14.00 UHR ALLE HABE 15.278
SCHRITTE HINTER MIR WAR MIT DEM HUND
DRAUSSEN HABE HÜHNERGRÜNFUTTER FÜR
MORGEN BESORGT NEUER TONERTINTE BE-
SORGT LEBERWURST FÜR DACAPOFRÜH-
STÜCK UND BEIM BESTATTER DREI VIERTEL
STUNDE GEWARTET UM NOCH MAL GEWISS-
HEIT ZU HOLEN DASS DIE NOCH FEHLENDE
STERBEURKUNDE NICHT ZUM VERLUST DER
DREI MONATE STERBEMONATSBEIHILFE
FÜHRT DIE FRAGE OB MIR AUCH „WITWEN-
RENTE" AN SICH ZUSTEHT KONNTE MIR BE-
STATTERIN NICHT BEANTWORTEN

ICH SELBST HABE JA KEINERLEI UNTERLA-
GEN DIE SIND ALLE BEIM BESTATTUNGS-
INSTITUT HABE EINEN „LAUFZETTEL" VOM
RENTENVERSICHERUNGSBUND BERATER
BEKOMMEN KOMME MIR VOR WIE AN
BEIDEN BEINEN AMPUTIERT RUTSCHE AUF
DEM GESÄSS

REMEMBER 22
1.2.2024 ERLEBE ERSCHRECKEN
GESTERN UM 21.00 UHR STAND PETRA VOR
DER TÜR
AN BEIDEN BEINEN BIS ZUM GESÄSS AMPU-
TIERT VERSUCHE ICH MIT DEM HINTERN
VON A NACH B ZU RUTSCHEN DAS IST MEIN
INNERES GEFÜHL
FÜR MICH EINE MERKWÜRDIGE ERFAHRUNG
DASS ICH NACH EINEM BESUCH DER WIRK-
LICH NUR AUS DEM MITFÜHLENDEN HERZEN
KAM ICH MICH AM NÄCHSTEN MORGEN WIE
AUF EINEM FEDERBETT GETRAGEN LEICHT
UND INAKTIV FÜHLTE
NACH EINEM ANRUF VON EINER PERSON DER
ICH EIGENTLICH MEHR BEDEUTUNG ZUGE-
SCHRIEBEN HATTE KAMEN MIR BEIM DA-
RANDENKEN STETS TRÄNEN IN DIE SEELE
UND IN DIE AUGEN ---SELBSTTÄUSCHUNG!
ENT-TÄUSCHUNG WIE ICH ES IMMER
DEFINIERT HABE
JEDER KANN NUR DAS IM GEGENÜBER SEIN
WAS ER IN DER LAGE IST ZU BIETEN DOCH
IST EBEN DER UNTERSCHIED ZWISCHEN
DIREKTER PERSÖNLICHER KOMMUNIKATION

UND DEM FÜR MICH HALBWARMEN TELEFO-
NIEREN EIN RIESENUNTERSCHIED
GOTT IST WIRKLICH NUR BEI RAUMGEGEN-
WART DAZWISCHEN ICH ERLEBE ERSCHREK-
KEND WIE RHYTHMISCH MEIN TAG ABLÄUFT
EGAL OB ICH VOR DEM FRÜHSTÜCK TRAI-
NIERE ODER DANACH ODER NOCH LESEZEIT
EINBAUE PUNKT 10.00 UHR REAGIERE ICH
MIT HANDLUNGSAKTIVITÄT HEUTE KAM
MIR BEIM LESEN OBEN DER INNERE AUF-
TRAG DAS AUFZUSCHREIBEN ZUGUTE DES-
HALB IST ES JETZT 10.20 UHR UND ICH
KLEIDE MICH UM FÜR DIE HUNDEAUSFAHRT
15.30 UHR DAS BLUT DER SEELE IST NICHT
SICHTBAR NUR DIE SCHMERZEN SIND UNER-
TRÄGLICH IN DIE AUGEN KOMMEN TRÄNEN
DAS MORGEN WIRD ZEITWEISE SINNLOS
DAS FUNKTIONIEREN BEZIEHT SICH AUF
RHYTHMEN DIE DURCH LEBEWESEN DIE
VON EINEM ABHÄNGIG SIND DIKTIERT WER-
DEN HABE MIR HEUTE PAPIER GEKAUFT DA-
MIT ICH BEI LUST AUCH WAS ZU HAUSE
HABE UM ZU ZEICHNEN ODER ZU MALEN ES
DARF KEINE AUSREDE MÖGLICH SEIN PUT-
ZEN MÜSSTE ICH AUCH MAL DOCH JEDER
TAG IST VOLL OHNE AUSREDE DENN VON
5.00 BIS 13.00 UHR SIND IMMERHIN ACHT
STUNDEN OHNE PAUSE
DAS IST SCHON MEHR ALS FRÜHER DOCH
EBEN FÜR DEN ARBEITSAUFWAND HIER EI-
GENTLICH ZU WENIG
2.2.24

BIN UM 4.30UHR IN DIE BADEWANNE EH ICH
HERUMLIEGE DANN WAR ICH MOTIVIERT UM
DREI VIERTEL SIEBEN NACH DEM „TROCK-
NEN" DER HAARE ZU ÜBERPRÜFEN OB ICH
JETZT WIEDER UNKOMPLIZIERT MEINE RE-
MEMBERS SENDEN KANN HABE JETZT RE-
MEMBER 3,4,5 GESENDET

4.2.24

WISSEN ---SCHAF(F)T HANDLUNGSSTRATE-
GIEN WENN MAN DIESE MIT FOLGENKRITI-
SCHEM DENKEN ANWENDET ICH VERSTEHE
ERST JETZT DASS MAN AUCH FÜR SICH
SELBST AUFWAND TREIBEN MUSS FÜR EIN
WOHLFÜHLEN HATTE IMMER ENTWEDER
DAS WOHLFÜHLEN DES ANDEREN IM BLICK
ODER DIE NEUGIER ZU BEFRIEDIGEN BEI REI-
SEN MUSEUMSBESUCHEN UND ÄHNLICHEM
FÜR MICH SELBST WOHLFÜHLVOR-
BEREITUNGEN KANNTE ICH NICHT 17.40 UHR
HABE HEUTE AB 6.30 UHR BIS 8.00 UHR
DOKUMENTATION ÜBER DNA UND RNA IN
DER FORSCHUNG DER LETZTEN 40 JAHRE
GESEHEN DANN DIESMAL ZUERST FRÜH-
STÜCK FÜR MICH DANN KATZEN UND HÜH-
NER DAS WISCHEN DES WOHNZIMMERS WAR
NOCH RESTARBEIT DIE ICH GESTERN NICHT
GESCHAFFT HATTE
UM 11.00 UHR MIT DEM HUND SPAZIEREN
GEGANGEN UND PER „UMWEG" NACH HAUSE
EINE TÜR WAR ÜBER NACHT VOM AUTO
OFFEN UND ICH WOLLTE DIE BATTERIE
FÜTTERN DANACH SOFORT ZUM HEIMTRAI-
NER UND DANN NOCH ANDERES ERLEDIGT

JEDENFALLS IMMERHIN ZWEI MAL IM KUL-
TURKABINETT UND JETZT ENDLICH HABE
ICH DAS GEFÜHL HEUTE VIEL GESCHAFFT ZU
HABEN DEN *"ABGESANG"* NOCH EINGE-
SCHWEISST (15 MAL)
FRÜHER WAR ES ABSICHT ALLES GROSS
OHNE INTERPUNKTION ZU SCHREIBEN DOCH
REIM UND ABSATZ UND ZEILENUMBRUCH
KONNTEN DEN SINN ZU ERFASSEN BEIM
LESEN HELFEN JETZT IST ES DER AUSDRUCK
AUS DEM SOZIALKONSTRUKT D E U T S C H
SICH ABSICHTLICH ZU ENTFERNEN SYNTAX
UND GRAMMATIK ATMEN DEN RHYTHMUS
EINER NATION DA ICH MICH ABER WIE BE-
SCHRIEBEN BIS ZUM RUMPF AMPUTIERT
FÜHLE ES ABLEHNE ROLLSTUHL PROTHESEN
ODER KRÜCKEN VON DIESER GESELLSCHAFT
ZU NUTZEN SCHREIBE ICH NUR IN DEN
GROSSEN BUCHSTABEN WIE EIN KIND SIE
ALS ERSTES ERFASST
UND NACHMALEN KANN

REMEMBER 23
6.2.24
HEUTE KAM DER GÄRTNER AUF DEN ICH
DREI VIERTEL JAHR GEWARTET HATTE
SEINE ANSAGE BEINHALTETE DASS ES NICHT
REGNEN DARF SELTEN WAR ICH SO
„FROMM" UM TROCKENHEIT ZU BITTEN ICH
HABE WÄHREND SEINER ARBEIT DIE ROSEN
BESCHNITTEN UND SEIN MITLEID MIT DEM
HUND HATTE IHN DAZU VERLEITET DASS

DER HUND SICH AN DEN STACHELN VERLET-
ZEN KÖNNE ICH HABE DIESE TIERLIEBE
GENUTZT UND ANGEKÜNDIGT DASS ICH
DA CAPO ERST WIEDER RAUS LASSE WENN
ALLES WEGGERÄUMT ICH HABE DIESE
ANSAGE GEPAART MIT DEM SATZ „ICH BIN
EIN MISTSTÜCK" HAT GEWIRKT ER HAT DEN
GANZEN ROSENSCHNITT WEGGERÄUMT
ZERKLEINERT UND DANN HABE ICH DEN
HUND WIEDER HERAUSGELASSEN JETZT
HABEN WIR NACH ZWEI STUNDEN ARBEIT
EINE HALBE STUNDE KAFFEEPAUSE
GEMACHT UND UNS VERABREDET UM 13.00
UHR ZU ESSEN HABE GESTERN KARTOFFEL-
SALAT GEMACHT UND WIENER UND AUSSER-
DEM VOM HÜHNERKEBAB FLEISCH VORBE-
REITET UND POMMES ALS KLEINEN ZUSATZ-
SNACK JETZT SCHNEIDET ER NOCH DEN
EFEU VOR MEINER HAUSFRONT DAMIT MEIN
ZUGEWACHSENES DORNRÖSCHENSCHLOSS
WIEDER LICHT HEREINLASSEN KANN ES
BLEIBT JA NOCH VIEL ZU TUN ER WILL NOCH
MAL IM DIESEM MONAT KOMMEN DER
KIRSCHLORBEER UND NOCH EFEU AM HAUS
UND CHALET WARTET UND DIE WEIDE UND
BIRKE
ICH MUSSTE MICH ERST MAL ERHOLEN

9.2.24

ICH MUSS IMMER WAS LEISTEN LANGSAM
FRAGE ICH MICH WARUM KANN ES DENN
NICHT WENIGSTENS FÜR KURZE ZEIT MAL
GENÜGEN DASS ICH EINFACH OHNE ZU HAN-
DELN SITZE NUR RUM
NICHT MAL AUF DEM ABORT GÖNNE ICH MIR
ZEIT LÖSE DORT RÄTSEL MIT LUST UND
AUCH ERFOLG
VERLASSE ERST WENN EIN GROSSER TEIL
GELÖST ZUFRIEDEN DIESEN PERSÖNLICHEN
ORT WARUM GELINGT MIR DAS NICHTSTUN
NICHT EINFACH AM LEBEN ZU SEIN MIT FRO-
HEM GEMÜT WURDE IN MEINER BIOGRAFIE
MIR VERSAGT DIE WELT ZU ERLEBEN MIR
SCHEINBAR NICHT GENÜGT BIN ICH MIT EI-
NER BESCHÄFTIGUNG IM GANGE DRÄNGT
SICH SCHON DAS NÄCHSTE SCHEINBAR NÖ-
TIGE IN MEINEN GEIST
DOCH SIND DAS ALLES SELBST BEFOHLENE
MAXIMEN WAS MICH AUS DEM MAL VER-
WEILEN HERAUSREISST NUR SÜSSES HABE
ICH MIR IMMER GEGÖNNT SCHON ALS KIND
HEIMLICH IM ELTERLICHEN GESCHÄFT SO
IST ES BIS HEUTE GEBLIEBEN MEIN NASCH-
VORRAT SICH NIEMALS ERSCHÖPFT

VIELLEICHT SOLLTE ICH LERNEN
MICH FÜR N I C H T S T U N ZU BELOHNEN
UND SÜSSIGKEITEN
NACH SOGENANNTEM „GAMMELN"
ZU MIR ZU HOLEN

DOCH KANN ICH SEHR GENAU
VORAUS ERAHNEN
DASS ICH NICHT FETT WÜRDE
BEI SOLCHEM GEBAREN

DIE MISCHFORM WÄRE DAS BESTE
NASCHEN UND ARBEITEN
WIE DIE LUST ES ANREGT
OB DAS NOCH IM 80. LEBENSJAHR LERNBAR
WÄR SELBST FÜR MICH NEUES FOR-
SCHUNGSPROJEKT

PS.: NACH 15 MINUTEN STUMMEN STILL-
SITZEN BEIM WARTEN AUF EINE MALWARE
PROTECTOR ÜBERPRÜFUNG AUSZUHALTEN
MICH MIT ZWEI FERRERO ROCHER VER-
WÖHNT
19.2.2024
ICH HABE DAS GEFÜHL DASS ICH KAUM
NOCH ANTRIEB HABE WAS NEU
ZU SCHREIBEN
BIN ZUR ZEIT MIT DER PROLLARBEIT DES IN
DIE MASCHINE TIPPEN BESCHÄFTIGT UND
HALTE NUR 60 MINUTEN SCHREIBEN DURCH
DEN HUND BESCHÄFTIGEN ECT ALLES
ANDERE NOTWENDIGE STIEHLST DEN TAG

ICH HABE MORGEN DEN TERMIN BEIM
RENTENBERATER UND ANSONSTEN LEBE ICH
NUR AUF DEN 28.2.24 HIN UM RENS URNE ZU
„VERBUDDELN" NUR WEIL ICH DAS DER
WELT SCHULDIG BIN DIESE PROZEDUR IST
IM PRINZIP SO UNWICHTIG DAS KANN
WAHRSCHEINLICH NIEMAND FÜHLEN IN DEN
KULTURGEWOHNHEITEN SICH BEWEGEN ZU
MÜSSEN IST FÜR MICH EINE ANPASSUNGS-
NOTWENDIGKEIT UM NICHT VON ALLEN FÜR
VERRÜCKT GEHALTEN ZU WERDEN DOCH
DANN BIN ICH EBEN VERRÜCKT ALSO NEBEN
DER SPUR DOCH DAS IST MIR SO WAS VON
EGAL JETZT BIN ICH SCHON WIEDER IN ZEIT-
NOT DENN UM 12.00 UHR KOMMT FRAU B
UND ICH HABE NOCH KEINEN PLAN WAS ICH
MIT IHR GEMEINSAM ERLEDIGEN KANN
MUSS ESSEN VORBEREITEN MICH
ORDENTLICH ANZIEHEN UND KANN MEIN
KULTURKABINETT DAS ICH HEUTE UM
6.00 UHR BEGONNEN HABE ZUM MALEN
VORZUBEREITEN NICHT NUTZEN DIE
AUSSENSTÖRUNGEN WAREN WAHRSCHEIN-
LICH DER GRUND WARUM EREMITEN SICH
ZURÜCKGEZOGEN HABEN
21.2.24
ICH FÜHLE EINE NIE GEKANNTE QUALITÄT
NEU IN MIR DAS WORT ZEIT WIRD NICHT
DEFINIERT DURCH DAS WAS NOCH ZU
MACHEN IST ALSO PFLICHT SONDERN ICH
ERLEBE JETZT „ZEITNOT" ALS PFLICHT ZUR
ENTSCHEIDUNG WAS ICH IM MOMENT
MACHEN MÖCHTE

SO ENTSTEHEN AUS DER FREIHEIT AMBIVA-
LENZEN IM INNERN DIE ICH NOCH NICHT
DEUTEN KANN WOFÜR SIE SICH WARUM IM
HANDELN UMSETZEN
AUSSENPFLICHTEN KÖNNEN --- MÜSSEN
ABER NICHT ERFÜLLT WERDEN UND DIE
RECHTFERTIGUNG LIEGT NUN NUR NOCH IN
MIR SELBST KEINER AUSSENINSTANZ
VERPFLICHTET DEN BEDÜRFNISSEN DES
HUNDES DER KATZEN UND HÜHNER
ENTSPRECHE ICH AUS ACHTUNG VOR LEBEN
DOCH STELLE ICH MEIN EIGENES NICHT IN
JEDEM MOMENT HINTEN AN

REMEMBER 24
24.2.24
IN DEN LETZTEN TAGEN HATTE ICH SO VIEL
ZU ERLEDIGEN DASS ICH KEINE ZEIT ZUM
JAULEN HATTE FREMDBESCHÄFTIGUNG HAT
JA AUCH EINEN GEWISSEN VORTEIL ES
LENKT VON WESENTLICHEN SELBSTREFLEK-
TIONEN AB NACH DEM RENTENMENSCHEN-
TERMIN BIN ICH ZUR BANK UM DAS KONTO
UMZUSCHREIBEN MUSSTE ZWAR DREI VIER-
TEL STUNDE STILLSITZEND WARTEN WAS
EINE TORTUR FÜR MICH IST DOCH ERFOLG-
REICH ALLES EINGELEITET DANN KAM EINE
MENGE PAPIER INS HAUS ES IST NICHT ZU
FASSEN WIEVIEL PAPIER VERSCHWENDET
WIRD FÜR EINE EINFACHE UMSCHREIBUNG
ALLER BLEIBENDEN DATEN AUF EINEN AN-
DEREN NAMEN DIE DEUTSCHE WIRTSCHAFT

KRÄNKELT JA AUCH AN DEM BÜROKRA-
TISCH GEFORDERTEN AUFWAND DEN VIELE
FIRMEN NICHT MEHR ERTRAGEN WOLLEN
GESTERN BIN ICH SCHON MAL SPAZIEREN
GEGANGEN FÜR MICH!!! EINE VÖLLIG NEUE
SICHTWEISE DER HUND „DURFTE" MIT IN
DER SONNE LUSTVOLL EINE VÖLLIG NEUE
SICHTWEISE HABE MIR SCHON EINE LISTE
GEMACHT WAS ERLEDIGT IST DIE TESTA-
MENTSERÖFFNUNG HAT STATTGEFUNDEN
MUSS NUN NOCH ERBSCHEIN BEANTRAGEN
DAMIT DIE GRUNDBUCHEINTRAGUNG GEÄN-
DERT WERDEN KANN
ALLIANZ 1&1 TELEFONICA O2 KÜHNE (PA-
PIERENTSORGUNG) RENTENBEANTRAGUNG
KONTOUMSCHREIBUNG AIDERBICHL PATEN-
SCHAFTSENDE HUNDESTEUERBEFREIUNG
BEANTRAGT GERICHTSSCHREIBENBEANT-
WORTUNG UND KOPIEN BSR BERLIN FINANZ-
AMT GRUNDSTÜCKSSTEUER – DA HABE ICH
BESTIMMT NOCH EINIGES VERGESSEN ICH
FRAGE MICH WIE EIN „NORMALER" MENSCH
DAS BEWÄLTIGT WAHRSCHEINLICH NUR MIT
NACHLASSHELFER ICH HABE INZWISCHEN
SO VIEL EINSCHREIBEN ABGESCHICKT DASS
ICH HEUTE BEI DER POST SAGTE – MAN MUSS
MEHR BEZAHLEN ALS MAN ERBT ICH BIN
TROTZDEM AUF EINEM RICHTIGEN WEG
PETRA UND UTE WAREN FREITAG UM 19.00
UHR ZUM ÜBERRASCHENDEN VORBEI-
SCHAUEN GEKOMMEN HABEN GEGESSEN
UND BIS 12.00 UHR NACHTS GEREDET

WAR WIEDER EINE FÜR MICH NOTWENDIGE
HILFSARBEIT FÜR DAS LOSLASSEN EIGENER
KINDER VON UTE SO ERHOLT WIE BEIM
LETZTEN BESUCH VON PETRA WAR ICH AL-
LERDINGS NICHT MEIN SCHLAFRHYTHMUS
BLEIBT NACH WIE VOR BEI VIER STUNDEN IN
ETAPPEN ICH ARBEITE DRAN DER HUND
VERHÄLT SICH SEHR BESTIMMEND WENN
ICH AUCH NUR IN EINEM GELEBTEN RHYTH-
MUS ABWEICHE EINEN MENSCHEN WÜRDE
ICH VERKLAGEN WEGEN NÖTIGUNG ICH BIN
SCHON IN DER LAGE ETWAS ZU VERSCHIE-
BEN DOCH WOHL FÜHLE ICH MICH DABEI
NICHT ERST WENN ICH SO WAS OHNE BELAS-
TUNG ERLEDIGEN KANN HABE ICH MICH
E N T W I C K E L T DAS WORT ENT-WICKELT
WAS EBEN IM LAUFE EINER BIOGRAFIE SICH
ALS WOLLKNÄUEL AUFGEWICKELT HAT ICH
HOFFE DASS ICH NOCH EINEN GEWINN VON
SOLCHER ENT-WICKLUNG GENIESSEN KANN
VIELE DINGE ERLEDIGE ICH EINFACH ZU
SCHNELL!! WERDE HEUTE NOCH KARTOF-
FELSALAT BEGINNEN VORZUBEREITEN GE-
TRÄNKE AUFBAUEN CHALET PUTZEN FÜR
DAS „FELL VERSAUFEN" NACH DER
BESTATTUNG AM 28.2.24
25.2.24
SEIT VIER UHR AKTIV– FILM GESEHEN DER
VERSUCH NOCH MAL ZUR RUHE ZU KOMMEN
MISSLINGT UM HALB ACHT DANN AUFGE-
STANDEN DEN KARTOFFELTOPF AUFGE-
SETZT UND DIE KOCHZEIT GENUTZT FÜR
HÜHNER UND KATZENVERSORGUNG BIS

HALB ZEHN DIE ZUTATEN FÜR DEN SALAT
GESCHNIPSELT UND DANN SOGAR NOCH
EINE STUNDE INS KULTURKABINETT UM 11
MIT DEM HUND RAUS GEFAHREN UM HALB
EINS ZURÜCK DANN DIE ABGEKÜHLTEN
KARTOFFELN GESCHNIPSELT UND EINIGES
NOCH VORBEREITET GETRÄNKE IN DEN
KÜHLSCHRANK IM CHALET UND KUCHEN
AUS DEN GEFRIERFÄCHERN NACH DRÜBEN
ICH BIN MÜDE VOM AKTIVSEIN UND DOCH
MUSS ES WEITER GEHEN
KULTURKABINETT UND SPÄTER SOGAR
NOCH WELT DER WUNDER GEBLÄTTERT
ZWISCHENDURCH IMMER DIE KATZEN GE-
STREICHELT MIT TROCKENFUTTER ALS
LOCKMITTEL RALF HAT MEINEN KONTAKT-
APPELL NOCH NICHT GESEHEN DAMIT MUSS
ICH LEBEN ALS ICH DR.WEDELL GERADE EIN
FOTO SCHICKEN WOLLTE VON DEN FÜNF
KATZEN KAMEN FOTOS VOM HUND WILMA –
IHRER NEUEN HÜNDIN UND BILDER VON
EINEM SCHÖNEN HIMMEL DANN EIN FÜNF
MINUTENGESPRÄCH ICH HABE MIR APFEL-
SCHORLE MIT GIN GEGÖNNT HABE HEUTE
VIEL GESCHAFFT DOCH FÜHLE ICH MICH
SEHR ALLEIN VERSTEHE JETZT DASS IRENE
KATZEN MEHR LIEBTE ALS HUNDE DIE
ORDNEN SICH AUS FREIEM WILLEN ZU
NICHT AUS UNTERWÜRFIGKEIT
MEIN HUND MUTIERT ZUR „STÖRRISCHEN"
KATZE
DAFÜR KÖNNTE ICH IHN „UMBRINGEN"

REMEMBER 25
26.2.24 LAWINE
MITTAGS ERFÜLLTE ICH EINE BESPROCHENE
ABSICHT DASS ICH AM HÜHNERSTALL
ERKUNDE SEIT WANN DAS FUCHSBILD VON
PENELOPE DARAN HÄNGT UND HABE ES MIT
DEM BILD VON 18.2.24 VERSCHICKT
UM HALB SECHS KAM DANN LIEBER NACH-
FRAGEANRUF DER EINE LAWINE DER HILFE-
RUFE IN DIE SOGANANNTE FREUNDESWELT
LOSGETRETEN HAT OFFEN SCHREIEND HABE
ICH OHNE UMSCHWEIFE PER WHATS APP UM
TROST ODER LIEBE WORTE GEBETTELT ALLE
DIE ES GELESEN HABEN REAGIERT SEHR UN-
TERSCHIEDLICHE LEBENSSITUATIONEN AN-
GETROFFEN UND AUCH SEHR EMPHATISCHE
INTERESSANT WAR DANN MEIN TRAUM
DASS ICH EINEN GROSSEN KOTKLOTZ AUS
MEINEM DARM SELBST GEHOLT HABE UND
IN DER HAND HIELT VOR DEM ENTSORGEN
ES WAR SEHR ERLEICHTERND WENN ICH DER
TRAUMDEUTUNG FOLGE WAR DAS WIRK-
LICH EINE KARTHASIS DENN DAS OFFEN UM
HILFE BITTEN WAR FÜR MICH EINE VÖLLIG
NEUE ERFAHRUNG DIE ICH BISHER NIEMALS
AUSPROBIERT HATTE MUSSTE JA IMMER
„ALLEIN" ALLES REGELN MAL SEHEN OB ICH
DAS ÜBERTRAGEN KANN AUF DIE ZUKUNFT
IST JA KEIN SCHLECHTES GEFÜHL VIEL-
LEICHT LOHNT ES SICH MIT SOLCHER
KRÜCKE DOCH NOCH WEITER ZU LEBEN

HATTE MIR NACH DEM ERSTEN „AUSLÖSE-
ANRUF" WIE SCHON ERWÄHNT APFEL-
SCHORLE MIT GIN ZUBEREITET
DAS HATTE WAHRSCHEINLICH EINE HEMM-
SCHWELLE ÜBERWUNDEN
DANK AN GIN!!!

REMEMBER 26
27.2.2024
ALLE DIE UNS ÜBER JAHRZEHNTE
BEGLEITET HABEN ERLEBT DASS WIR UNSER
ARBEITSREICHES LEBEN SO GUT WIE MÖG-
LICH GESTALTET HABEN SIE HAT MIT MIR
ALLE FÜNF ERDTEILE BEREIST HAT DIE AN
DIE WAND GEPINNTEN KUNSTPOSTKARTEN
GEMEINSAM MIT SCHÜLERN LERNEN MÜS-
SEN IN GROSSER GALERIE AUCH MAL DEN
LAUTEN VORWURF GEHÖRT: VOR DER IN-
FORMATION DASS DAS BILD VERLIEHEN IST
BLEIBST DU STEHEN ANSTATT
DIE HÄNGENDEN ZU STUDIEREN
ICH WAR SICHER KEIN LEICHTER
LEBENSBEGLEITER ABER AUCH IMMER
FÜR ÜBERRASCHUNGEN GUT
SO HABE ICH BIS ZUM LETZTEN TAG MEINE
VERANTWORTUNG DIE ICH AM 24.10.1981
ÜBERNOMMEN HATTE BIS ZUM STERBEN
NACH BESTEM KÖNNEN ERFÜLLT
VON DIESER LANGEN ZEIT KEINEN TAG
BEREUT ZU HABEN IST DAS BESTE
VERMÄCHTNIS WAS ICH IN MEINE
NOCHLEBENSZEIT NEHME
DANKE DEIN MENSCH

EINE TEILNEHMERIN AN DER BESTATTUNG
SCHRIEB:
WAS WIRD MIR VOM HEUTIGEN TAG IN ERIN-
NERUNG BLEIBEN? DIE OFFI DIE MIT WEHEN-
DEM MANTEL MIT DER URNE VON HÖHNL
UNTER DEM ARM VORANSCHREITET
EIN SEHR SCHÖNES BILD UND
EINE ZÜNFTIGE BEERDIGUNG MIT
ANSCHLIESSENDEM FELL – WAS NICHT VER-
SOFFEN WERDEN MUSSTE

REMEMBER 27
29.2.2024
DIE PROZESSION MIT DER URNE WAR
SAUSCHWER DIE LEICHTE ASCHEFÜLLUNG
WURDE IMMER SCHWERER DURCH DEN
LANGEN WEG HABE DIE HÖHENLAGEN
ZWAR VERÄNDERT ZWISCHENDURCH DAS
LIED GESUNGEN „ICH TRAGE WO ICH GEHE
STETS EINE UHR BEI MIR..." UND
GESCHIMPFT DASS SIE MICH JA AUCH ZU
LEBZEITEN SCHON GEÄRGERT HATTE NACH
DER URNENVERSENKUNG SOLLTE ICH KIES-
ERDE DARAUF SCHÜTTEN ICH HABE
GESAGT: *WAS SOLL ICH TUN? RUHE IN FRIE-*
DEN – DAS SAGE ICH! NICHT LEBE IN FRIEDEN
WÄR' RICHTIG
IN DEM KIES IST KEINE LEBENSKRAFT
ERGEBNIS: DASS ALLE KEINEN SANDWURF
WAGTEN! DANN HATTE ICH ALLE ZUM FELL -
VERSAUFEN EINGELADEN

136

UND UM 10.30 UHR BIN ICH SCHON IN RICH-
TUNG DIETRICHSTRASSE 21 GEKACHELT BIN
REIN GEFAHREN HABE NOCH RALF REINGE-
LOTST UND DANN DAS TOR VERSCHLOSSEN
ALLE ANDEREN MUSSTEN DRAUSSEN PAR-
KEN MIT MIR WAREN WIR 17 PERSONEN DA
ICH ALLES VORBEREITET HATTE GAB ICH
DIE NOTWENDIGEN WEITEREN DIENSTLEIS-
TUNGEN AN ANDERE AB WELCHE MUSSTEN
SICH UM KAFFEE KÜMMERN ANDERE UM
STÜHLE BZW SITZMÖGLICHKEITEN FÜR EI-
NEN GROSSEN KREIS UND NOCH ANDERE UM
FUTTER KUCHEN SALAT WÜRSTCHEN MIT
CHRISTOF NOCH DIE GEPLANTE ABFUHR DER
REITUTENSILIEN ABGESPROCHEN(15.3.) UND
MIT RALF DANN CA AB 17.00 UHR NOCH DAS
„FELL" WIRKLICH VERSOFFEN MIT ZWEI
FLASCHEN SEKT UM 20.00 UHR WAR ER
MÜDE UND ICH HABE MICH VERZOGEN
JEDENFALLS OHNE EINEN EMOTIONALEN
AUSBRUCH ALLES ÜBERSTANDEN UND
NOCH WICHTIGES GESPRÄCH MIT RALF
BEZÜGLICH SEINES WESENS GEFÜHRT
MEINE NACHT WAR DANN UM ZWEI DAS
ERSTE MAL UNTERBROCHEN UND BEIM
FRÜHSTÜCK UM 8.00 UHR HABEN WIR NOCH
MAL RÜCKBLENDE ZUM GESPRÄCH GEHAL-
TEN HEUTE VORMITTAG NOCH AM RECHNER
BISSCHEN „GEFUMMELT" UND GEGEN 11.00
UHR IST ER NACH HAUSE AUFGEBROCHEN

ICH MICH KURZ AUSGERUHT UND DANN UM
HALB EINS MIT DEM HUND ZUM GRÜNZEUG-
HAMSTERSAMMELN LOSGEFAHREN DIE AN-
GESTEUERTEN LAUFPUNKTE WAREN NICHT
HUNDEFREI ALSO WIEDER ZUR ALTEN
STELLE BEMERKTE DASS ICH HEUTE NICHT
GUT ZUM LAUFEN DRAUF BIN WEIL MIR
ALLE KNOCHEN WEH GETAN UM 14.00 UHR
WIEDER ZURÜCK
TEXT DES LIEDES „DIE UHR" VON CARL
LÖWE:
ICH TRAGE WO ICH GEHE
STETS EINE UHR BEI MIR
WIEVIEL ES GESCHLAGEN HABE
GENAU SEH ICH AN IHR
ES IST EIN GROSSER MEISTER
DER KÜNSTLICH IHR WERK GEFÜGT
WENNGLEICH IHR GANG NICHT IMMER DEM
TÖRICHTEN WUNSCHE GENÜGT
ICH WOLLTE SIE WÄRE RASCHER GEGANGEN
AN MANCHEM TAG
ICH WOLLTE SIE HÄTTE MANCHMAL VERZÖ-
GERT DEN RASCHEN SCHLAG
IN MEINEN LEIDEN UND FREUDEN IM STURM
UND IN DER RUH
WAS IMMER GESCHAH IM LEBEN
SIE POCHTE DEN TAKT DAZU
SIE SCHLUG AM SARGE DES VATERS
SIE SCHLUG AN DES FREUNDES BAHR
SIE SCHLUG AM MORGEN DER LIEBE
SIE SCHLUG AM TRAUALTAR
SIE SCHLUG AN DER WIEGE DES KINDES
SIE SCHLÄGT WILL'S GOTT NOCH OFT

WENN BESSERE TAGE KOMMEN
WIE MEINE SEELE ES HOFFT
UND WARD SIE AUCH MANCHMAL TRÄGE
UND DROHTE ZU STOCKEN DEN LAUF
SO ZOG DER MEISTER IMMER GROSSZÜGIG
SIE WIEDER AUF
DOCH STÄNDE SIE EINMAL STILLE DANN
WÄR'S UM SIE GESCHEHN
KEIN ANDRER ALS DER SIE FÜGTE
BRINGT DIE ZERSTÖRTE ZUM GEHEN
DANN MÜSST ICH ZUM MEISTER WANDERN
DER WOHNT AM ENDE DER WELT
WOHL DRAUSSEN JENSEITS DER ERDE WOHL
DORT IN DER EWIGKEIT
DANN GÄB ICH SIE IHM ZURÜCK
MIT DANKBAR KINDLICHEM FLEHN
SIEH HERR ICH HABS NICHT VERDORBEN
SIE BLIEB VON SELBER STEHN

REMEMBER 28
1.3.24
VON FRÜH AN DURCHORGANISIERT KULTUR-
KABINETT WISSENSCHAFTSBUCH GELESEN
HÜHNER KATZEN VERSORGT DANN WIEDER
NACH EIGENEM FRÜHSTÜCK NACH OBEN UM
10.00 UHR ZU ERLEDIGUNGEN BANK – INDIVI-
DUELLES KONTO IST EINGERICHTET – GRÜN-
FUTTER GETRÄNKE HUNDEAUSLAUF NICHT
SEHR LANGE DANN UM 12.30 UHR ZURÜCK
WIEDER NACH OBEN UM DREI VIERTEL ZWEI
MAL FÜR MICH KARTOFFELN GEKOCHT FÜR
QUARK MIT LEINÖL

IM WOHNZIMMER MIT WISSEN AUS WELT
DER WUNDER BEREICHERT UM 16.00 UHR
ZUM HEIMTRAINER UM ¾ 5 WIEDER NACH
OBEN BIS ¾ 6 ABENDS HÜHNER REIN

ICH HATTE MITTAGS NACH DEM NACH-
HAUSEKOMMEN GEBADET WEIL GENUG ZEIT
ZUM TROCKNEN DURCH DIE SERIEN GEGE-
BEN ICH HABE DAS GEFÜHL EIN ROBOTER ZU
SEIN IM KELLER HATTE ICH BOMBARDINO
GEFUNDEN – EIN EIERLIKÖR DIE HALBE
FLASCHE IST SCHON LEER IN DEM BUCH IN
DEM ICH MIT LUST LESE HABE ICH NACH
DEN ERSTEN 15 SEITEN DEN GESAMTTENOR
VERSTANDEN ALS ICH ES RALF NAHE BRIN-
GEN WOLLTE HATTE ICH NUR DAS EINFÜH-
RENDE KAPITEL GELESEN DOCH GENAU DAS
WESENTLICHE IN SPRACHE VON MIR VER-
SUCHT ZU ERKLÄREN DAS NÄCHSTE BUCH
GIBT DANN SICHER WIEDER VIEL
REDUNDANZ FÜR MICH
2.3.24
DER TAG-NACHTRHYTHMUS IN UNSEREN
BREITEN IST JA NICHT NUR VON DER SONNE
DIKTIERT SONDERN VOR ALLEM VON UNSE-
REN SOZIALEN STRUKTUREN FAMILIE
ARBEIT VERANTWORTLCHKEITEN
GEWORDEN FALLEN NUN ALL DIESE DETER-
MINANTEN WEG DANN ENTSTEHT EINE FREI-
HEIT DIE SICH DEM PHYSISCHEN BEDÜRFNIS
ANPASSEN KANN WILL MAN DEN KREISEN-
DEN GEDANKEN NACH EINER SCHLAFPHASE
ENTFLIEHEN DANN KANN MAN SICH EINER

ANGENEHMEN BESCHÄFTIGUNG WIDMEN
UND SO AUF EINE DEM ISTZUSTAND ANGE-
PASSTE ERMÜDUNG HOFFEN DAS WIRD
NICHT SOFORT GELINGEN DOCH ENTRINNT
MAN ZUNÄCHST DEM STRESSFÖRDERNDEN
GEDANKENSPIEL MIT DER VERGANGENHEIT
SICH DER GEGENWART ZU ERGEBEN HEISST
KRAFT ZU SAMMELN FÜR ZUKÜNFTIGES!
WEHRE ICH MICH IN DER GEGENWART VER-
SCHWENDE ICH ENERGIEN DIE FÜR DEN
ZUKÜNFTIGEN AUGENBLICK FEHLEN
IN LÖCHER MUSS MAN HINEINSEHEN WENN
SIE IN DIE TIEFE GEHEN ZUR NOT SOGAR
HINUNTERSTEIGEN UM ZU SEHEN WELCHE
GEHEIMNISSE SIE VERBERGEN MAN KANN
SIE AUCH UMGEHEN UMD SICH MIT DEM UN-
WISSEN BEGNÜGEN ODER EINE EWIGE NEU-
GIER GEPAART MIT EINEM GEFÜHLTEN UN-
ERFÜLLTEN AUFTRAG MIT SICH SCHLEPPEN
GEISTIGES LOCH KANN MAN DURCH
GEZIELTE BILDUNGSSUCHE ZUM FÜLLEN
BRINGEN
SEELISCHEN LÖCHERN KANN MAN NUR
DURCH SOZIAL BEREICHERNDE KONTAKTE
HELFEN
SUCHT MAN SOZIALE KONTAKTE NUR UM
SICH IN SEINEM GEBRAUCHTWERDEN BE-
STÄTIGT ZU FÜHLEN IST DAS KEINE FÜLL-
MÖGLICHKEIT DIESE LÖCHER KÖNNEN SICH
NUR SCHLIESSEN WENN AUCH DIE BEREIT-
SCHAFT DES SICH BESCHENKENLASSENS
ENTWICKELT WIRD

LEGE ICH MEINE STACHELN AB FEHLT MIR
DIE SCHUTZFUNKTION GEFRESSEN ZU WER-
DEN DIE KUNST IN DER ZUKUNFT WIRD SEIN
EINE BALANCE ZU ENTWICKELN
KEIN ALTRUIST KEIN EGOIST SONDERN
HUMANIST FÜR SICH SELBST
SICH SELBST 24 STUNDEN ZU BESPIELEN IST
KAUM ZU SCHAFFEN SELBST DER
KREATIVSTE MUSS DARAN SCHEITERN
3.3.24
ES IST SO LEER! NICHT NUR IM WOHNZIM-
MER IM HAUS IM GARTEN IM AUTO
HABE MIR HEUTE FRÜH AUSGEDACHT SONN-
TAGS GRUNDSÄTZLICH EINEN BESUCH ZU
MACHEN DANN SIND WENIGSTENS EIN PAAR
STUNDEN „BESETZT"
ANDERE MENSCHEN GEHEN SONNTAGS ZUR
KIRCHE DOCH DIESE ANONYMITÄT ERTRAGE
ICH NICHT BEI DEN BESUCHEN GEWINNE ICH
VIELLEICHT NICHTS DOCH ZWINGE ICH MICH
IN DIE GESELLSCHAFT VON MENSCHEN ZU-
MINDESTENS WILL ICH ES VERSUCHEN EIN
BEGEHBARES GITTER ÜBERDAS RUFENDE
ERDLOCH ZU LEGEN ICH BEWEINE MICH REN
BEGLÜCKWÜNSCHE ICH DASS SIE DAS IRDI-
SCHE DASEIN HINTER SICH HAT
VIELLEICHT SOLLTE ICH VERSUCHEN IHR
ANGESAMMELTES „VERMÖGEN" IN DER
FORM DES ANWESENS ZU VERBRAUCHEN
DENN ES ZU VERSCHENKEN WÄR IHR NICHT
RECHT

HABE HEUTE FÜR EVENTUELLE REISEN
DURCH MEINEN ERSTEN SONNTAGSABSTE-
CHER EINEN SEHR HILFREICHEN TIPP
BEKOMMEN UND EINE VERBÜNDETE
WOHLGESONNENE ERKANNT IM MOMENT
AUFZUGEBEN IST KEINE OPTION

REMEMBER 29
6.3.24
DIE UHR ZU BEDIENEN WIRD FÜR MICH
IMMER BEDEUTSAMER DIE SPIELZEIT BEIM
SOLITAIRE HABE ICH IMMER IM VORAUS
FESTGELEGT JETZT BEOBACHTE ICH MICH
WIE ICH AUS DER GEGEBENEN ISTZEIT DEN
HÖCHSTMÖGLICHEN NUTZEN FÜR MICH
SELBST HERAUSHOLEN KANN DAS IST ZU
BEOBACHTEN AN GEKOPPELTEN HANDLUN-
GEN SO DASS KEINE EXTRAWEGE ENTSTE-
HEN ODER AM „ERHOLSAMEN" WECHSEL
ZWISCHEN BESCHÄFTIGUNGEN HEUTE ZUM
BEISPIEL UM HALB SIEBEN DAS VERSCHIE-
BEN DES IN DIE MASCHINE TIPPEN NACHGE-
HOLT DANN SCHON MAL NACH „OBEN" IN
DEN NOCH WARMEN RAUM KULTURKABI-
NETT UM IN DEM NEUEN BUCH ZU LESEN
DANACH ERST KATZEN HÜHNER UND FRÜH-
STÜCK DANN WIEDER HOCH UND BEI
ERSTER ERMÜDUNG WÄSCHE IN DIE
MASCHINE WIEDER DREI VIERTEL STUNDE
ZUM „STUDIEREN" ERGAUNERT UND BEIM
SCHLEUDERN SCHREIBE ICH DIE LETZTEN
TAGE WAREN PROPPER VOLL

AM MONTAG TATEN MIR MEINE KNOCHEN
SO WEH DASS ICH NUR BEDINGT MITACKERN
KONNTE ESSEN NATÜRLICH VORBEREITET
UND ZUM KAFFEE AUCH WICHTIGES PERSO-
NENGESPRÄCH ZWISCHENDURCH SOGAR
DEN DANK AN DIE BESTATTUNGSFRAU
ABGEGEBEN (FAHREN IST NICHT SO
ANSTRENGEND) UND DANACH ERST TRAI-
NIERT SO GING DER TAG IM FLUGE RUM
HATTE DIE OBERETAGE UND TREPPEN SAU-
GEN LASSEN UND MICH DANACH IN PRIMI-
TIVE GEHIRNE HINEINVERSETZEN MÜSSEN
UM HERAUSZUBEKOMMEN WIE MAN DEN
SCHMUTZSAMMELBEHÄLTER LEERT
GESCHAFFT! GESTERN DEM RECHNER
„VERFALLEN" UND NOCH ZU TIPPENDE
TEXTE TRANSFORMIERT SOGAR GESCHAFFT
AN RALF ZU SENDEN
HEUTE HOLE ICH DIE BEIM SONNTAGSTRIP
VERGESSENEN HOLZBOCK (ZECKEN) PILLEN
FÜR DA CAPO AB UND DIE ZEITVORGABE
ERGAB DIE GEDRÄNGTEN HANDLUNGEN
DER ZEIT BIS VIERTEL ZWÖLF JETZT MUSS
DIE WÄSCHE NOCH GEHÄNGT WERDEN ICH
MUSS MICH UMZIEHEN UND DANN „GELAS-
SEN" MIT DA CAPO LOS: DIE POST STREIKT
SCHON WIEDER – ALSO KEINE BRIEFMARKE
FÜR POST AN DIE WASSERWERKE
NATÜRLICH STEHT NOCH GRÜNES SAMMELN
AN UND VOR ALLEM DIE UNTERE ETAGE
PUTZEN DENN MORGEN KOMMT SZUSZA AUS
BUDAPEST BIS ZUM 10.3.24

REMEMBER 30
7.3.24
10.10 UHR KAM ZSUZSA PÜNKTLICH ZUM
FRÜHSTÜCK HATTE ALLE VORBEREITUNGEN
GESCHAFFT GROBER ABRISS MIT DEM HUND
RAUS GEMEINSAM VIELE GESPRÄCHE
ALS MITTAG SCHWEINEBRATEN SALZKAR-
TOFFELN ROTKOHL

8.3.2024
RENS GEBURTSTAG MIT ZSUZSA ZUM FRIED-
HOF KEINERLEI EMOTIONEN EMPFUNDEN
UM HALB ZWEI KAM PETRA DA IN BERLIN
FEIERTAG NACH BRANDENBURG GEFAHREN
UM IN SELGROS KARTOFFELN UND
KNACKER ZU BESORGEN AM BEERDIGUNGS-
TAG WAREN DIE ALLE ALS ICH APPETIT BE-
KAM PETRA AUCH ZUM ESSEN GELADEN
DANN ALLE NACH OBEN ZWISCHENDURCH
WOLLTE ICH DEN BEIDEN ZEIT UND RAUM
GEBEN
DIE REMEMBERS NACH DEM 31.10.23 ZUM LE-
SEN GEGEBEN SELBST AUF MEIN TRAININGS-
RAD HABE DANN BEIDE BEIM SPIELEN MIT
DA CAPO BEOBACHTET DANN WIEDER HOCH
NACHDEM WIR UNTEN MITGEBRACHTEN
TIRAMISU GENOSSEN ZUM KAFFEE WIEDER
INTENSIVE GESPRÄCHE BIS HALB NEUN
DANN HABE ICH MICH VERKRÜMELT

9.3.24

HEUTE KLEINIGKEIT FÜR DIE KINDER VON
SZUZSA UND DEREN MANN BESORGT UND
DANN IM NOVEMBER 23 VON MIR DEKLA-
RIERTEN „GRABMAL" IN FORM VON ZWEI
SEHR GROSSEN UND DARAUF RUHENDEN
ETWAS KLEINEREN STEINEN VON REN UND
MIR GEFAHREN VOR HIRSCHFELDE HABE BEI
DEM ERSTEN VORBEIGEHEN DIE STELLE
NICHT ERKANNT DANN AUF DEM RÜCKWEG
IM VERGLEICH MIT DEM BILD VOM 8.11.23
DIE STEINE GEFUNDEN

NUR NOCH EINER BESTAND AUS ZWEI ÜBER-
EINANDER STEHENDEN STEINEN DER EINE
HATTE DEN „KOPFSTEIN" NACH HINTEN
„VERLOREN" MEINE EMOTIONEN WAREN
SCHON AUF DER HINFAHRT DAHIN SEHR AK-
TIV DAS EMPFAND ICH WIE EIN WEG ZUM
„GRAB" DASS ES NUR NOCH EIN RESTMONU-
MENT VON ZWEISAMKEIT WAR HAT MICH
TIEF BERÜHRT WENN ICH ES IM NOVEMBER
NICHT ALS UNSEREN GRABSTEIN BETITELT
HÄTTE WÄR MIR DAS NICHT SO UNHEIMLICH
VORGEKOMMEN

ZSUZSA IST DANN GEGEN 14.00 UHR LOS
WEIL SIE NOCH ZEIT FÜR SICH WOLLTE UND
DANACH ZU PETRA WEIL SIE SICH VERABRE-
DET HATTEN FÜR DIE HILFE AM SONNTAG
FRÜH BEI DER FAHRT ZUM FLUGHAFEN
JETZT HABE ICH DIE HÜHNER EIN LETZTES
MAL IM GARTEN LAUFEN DENN MORGEN
HOLT SIE LUTZ AB INZWISCHEN SIND SIE MIR
AUCH ANS HERZ GEWACHSEN DOCH ICH
SCHAFFE ES EBEN VON MEINEN
KÖRPERLICHEN KRAFTRESERVEN NICHT
WERDE JETZT VERSUCHEN IN DEM NEUEN
BUCH „WIE GEFÜHLE ENTSTEHEN" ZU LESEN
DENN DIE NEUGIER IST GROSS OB ICH MICH
KONZENTRIEREN KANN WEISS ICH NOCH
NICHT
JETZT BEGINNT EINE WIRKLICH NEUE ÄRA!
ICH BIN UNSICHER WIE ICH MIT DER NEUEN
SITUATION UMGEHEN WERDE NUR NOCH
KATZEN UND HUND DA ICH JA AUCH KEIN
GRÜNFUTTER MEHR SAMMELN MUSS BLEIBT
AUCH DER DAZU NOTWENDIGE EINKAUF
WEG DIE UMSCHREIBEAKTIONEN WERDEN
MICH NOCH EINE WEILE NERVEN DOCH
AUCH DAS GEHT VORBEI DAS VON KERSTIN
GESCHICKTE BILD VON 2016 HABE ICH GE-
LÖSCHT DENN ES IST EINE KRANKE AURA
DIE DA VON REN RÜBER KOMMT (IHRE FAMI-
LIEN RESTE WAREN ZUM GEBURTSTAG ZUM
BESUCH!)

15.3.2024

DIE HAPTISCHEN ERINNERUNGEN SIND SEHR
INTENSIV WENN ICH REN DEN RÜCKEN EIN-
GERIEBEN HABE MIT MITTELN GEGEN LUN-
GENENTZÜNDUNG ODER DIE FÜSSE MAS-
SIERT UND IHR WOHLGEFÜHL WENN SIE ZU-
WENDUNG ERFUHR ALLE ENERGIEN DIE ICH
ZUR VERFÜGUNJG HATTE HABNE ICH VER-
SUCHT IN SIE EINFLIESSEN ZU LASSEN HABE
ES BEINAHE ZWEI JAHRE GESCHAFFT DANN
WAR DIE LETZTE KRAFT AUS IHREM KÖRPER
ENTWICHEN DIESE VERSCHENKTE LEBENS-
KRAFT JETZT WIEDER IN MEINEN KÖRPER
ZURÜCKZUHOLEN IST SEHR SCHWER ICH BIN
NACH KLEINSTEN KÖRPERLICHEN ANSTREN-
GUNGEN ERSCHÖPFT HATTE REN BIS ZUR
LETZTEN MÖGLICHKEIT FÜR SCHWERE EIN-
KÄUFE IMMER UM HILFE GEBETEN KÖRPER-
LICH WAR SIE URSPRÜNGLICH MIT BEDEU-
TEND MEHR KRAFT AUSGESTATTET AUCH IN
DER PHASE IN DER ICH JETZT VERSUCHE
DINGE ZU ORDNEN REGISTRIERE ICH ERST
WELCHE KRÄFTE SIE AUFGEBRACHT HATTE
UM ZUM BEISPIEL DAS GANZE REITZEUG IM
KELLER ZU DEPONIEREN DIE ARBEIT DIE DIE
HÜHNER TROTZ ALLER FREUDE FÜR SIE BE-
REITETEN HABE ICH VOM NOVEMBER 2023
BIS ZUM 10.3.24 AM EIGENEN LEIBE ERLEBT
EIN SYSTEM VERSUCHE ICH IN MEINEN ALL-
TAG ZU BRINGEN UND MERKE DASS DIE
TAGE
INCLUSIVE NOTWENDIGER ERHOLPAUSEN
ZU KURZ SIND

HECHLE SCHON WIEDER EINEM INNEREN
DRANG HINTERHER DOCH ÜBE ICH MICH IN
MIR MÖGLICHER GEDULD UND ERLEBE DASS
MEINE HARTNÄCKIGKEIT TROTZDEM ZUM
ERFOLG FÜHRT NUR MIT WENIGER
UNGEDULDSSTRESS

EINE VÖLLIG NEUE ERFAHRUNG.

4. AUGUST 2024
IST DAS NUN DIE AUFFORDERUNG,
MICH AUCH ENDLICH DAVON ZU MACHEN?